Books on Demand Deutschland

Im nächsten Jahr wieder - beim Rennsteiglauf - wo sonst ?

Manfred Jente

Im nächsten Jahr wieder

Beim Rennsteiglauf - wo sonst ?

Books on Demand

Impressum:

Copyright: Manfred Jente, Töplitz, 2013
Alle Rechte liegen beim Autor.
Gestaltung: Margarete Kaufmann-Bühler, Detlev Huber
Herstellung und Verlag: Books on Demand, Norderstedt
Fotos: Foto-Team Müller, privat, Uwe Kusian
ISBN: 9783732239689

Inhalt

Einleitung	7
Warum laufe ich?	9
Sportliches und auch Stolpersteine	13
Schritt für Schritt	19
Eile mit Meile	26
Der Weg zum Läufer	31
Mein erstes Rennsteigerlebnis	39
Marathon	52
Impressionen vom Berliner Friedenslauf 1985	56
Ungewissheit und Überraschung 1986	72
Zehn Jahre durchlaufen, eine Zwischenzeit	95
Noch einmal Marathon	104
Ab 2007 in der Altersklasse M70	108
Verordnen kann man Laufen nicht	120

40. Rennsteiglauf - Mein 32´ster

Einleitung

So wie die Jahre im Kalender, natürlich in Anlehnung an die letzte Ziffer, zählen auch meine Teilnahmen am GutsMuths-Rennsteiglauf – bis jetzt!
1981 der erste Start, im Jahr 2000 zum 20. mal im Ziel und nun berechtigt, dies auch zusätzlich zur üblichen Startnummer mit dem schwarz auf gelb gedruckten „20 x dabei" vor aller Welt kundtun zu dürfen. Eine wichtige, eine angestrebte Etappe im langen Läuferleben, zwar mit verhaltenem Jubel, vor allem aber mit besinnlicher Rückschau.

Zwanzig mal das Erlebnis „Start" in Neuhaus;

Zwanzig mal die mehr oder weniger gleiche Strecke mit den vielen markanten Punkten und Abschnitten, an denen so manche Erinnerung haftet, sich Zeitvergleiche eingeprägt haben;

Zwanzig mal die letzten 5 km von Frauenwald nach Schmiedefeld und schließlich den letzten Anstieg hoch zum Ziel;

Zwanzig mal die halbe Platzrunde, ein viel beachteter Zieleinlauf;

Zwanzig mal für sich die schlichte Feststellung: GESCHAFFT!

Zwanzig mal vorbereiten, ab Januar Kilometer zählen, in der „heißen Phase" möglichst kontinuierlich drei mal pro Woche laufen

und

Zwanzig mal – auch manch Widrigkeit zum Trotz – Genugtuung und Stolz und, wie sollte es anders sein: Im nächsten Jahr wieder!

Jahr für Jahr dasselbe. Oder?

Was ist anders geworden, hat sich wie entwickelt? Wie ist es überhaupt dazu gekommen, sich einen GutsMuths-Rennsteiglauf vorzunehmen? Wird es mit den Jahren, die ja nicht nur Trainingsjahre sondern auch – und das vor allem - Lebensjahre sind, schwerer oder stellt sich alles auf den Kopf und es wurde immer leichter? Fragen, die gewiss neugierig machen und „20 x dabei" sollten Antworten ermöglichen, die sicher nicht nur Läufer wissen wollen.

Bleiben wir gleich dabei: Schwerer oder leichter? Was meinen Sie? Haben die ins Land gegangenen oder nennen wir es „ins Land gelaufenen" Jahre Spuren hinterlassen, die zu Abstrichen nötigen? Bröckelt des Läufers Gesundheit nach um den Erdball reichenden gelaufenen Kilometern oder haben Jogger entgegen dem Trend unserer Zeit etwas anderes zu vermelden?

„20 x dabei" - schwerer oder leichter? Ich sag' s Ihnen: Leichter! Kontinuität zahlt sich aus und deshalb ein freudiges „LEICHTER!" Es fällt leichter, als es über die anfänglichen Jahre in Erinnerung geblieben ist.

Nicht die durch Gehpausen immer kürzer werdenden Laufabschnitte je näher das Ziel rückte, und dann der geringste Huckel, von den Anstiegen ganz zu schweigen, der zu oft zur anderen Gangart zwang, möchten erwähnt werden, sondern das, mit dem durchaus noch vorhandenen Kräftereservoir, unaufhörliche „weiter, immer weiter, weiter!"

Nicht das Vorbeilaufen der anderen, der Besseren, der Schnelleren, aber auch nicht immer Jüngeren, sondern auf dem letzten Drittel der Strecke das meist selbst Überholen wurde zunehmend das Bemerkenswerte im Gedächtnis und schließlich und insbesondere die vergleichsweise gering ausfallenden Nachwirkungen unmittelbar nach dem Lauf, am nächsten und den folgenden Tagen.

Kaum zu glauben, dass die „Leiden" von damals so in den Hintergrund getreten sind.

Jahre, Lebensjahre sind vergangen und jetzt: Nicht schwerer sondern leichter! Wie das? - fragt der Interessierte, der Staunende oder auch Zweifelnde. Die eigenen Erfahrungen, mein eigenes Tun sollen hier für Antworten stehen. Der Leser möge vergleichen und eventuell Ansätze für Allgemeingültiges, für Beachtenswertes und selbst Erlebtes herausfinden.

Sind Sie Läuferin oder Läufer? Dann bleiben Sie es, wenn nicht oder noch nicht, dann sollten Sie es unbedingt werden.
Es lohnt sich. Das Jahr 2005, der 33. Rennsteiglauf und damit meine 25. Teilnahme auf der Marathonstrecke sind nun auch schon Geschichte. Wieder ein Jubiläum und für den Veranstalter Veranlassung dies angemessen zu würdigen. „33. Rennsteiglauf 2005 – Mein 25." steht auf dem orangen Kopftuch, Bandana genannt, das mit den Startunterlagen an die Jubilare ging. Eine prima Idee, genauso wie die Möglichkeit, sich ins Ehrenbuch des Rennsteiglaufs eintragen zu dürfen und der anschließende Empfang beim Präsidenten des „Guths Muths Rennsteiglauf Vereins". Beim 25. Start in orange, „... und kein Ende" verheißt der Titel. Für 30 mal gibt es grün, jedenfalls war es 2005 so.

Im Ziel

Warum laufe ich?

„Warum laufen Sie?" - so wurden die etwa 220 Läuferinnen und Läufer aller Altersgruppen als Teilnehmer einer Potsdamer Laufveranstaltung einst gefragt. Ein Fragebogen mit Fragen rund ums Laufen, offensichtlich um bisherige Erfahrungen zu analysieren und Ansatzpunkte für Verbesserungen zu finden, sollte bitte schön sofort ausgefüllt werden.

Also „warum laufen Sie?" war eine der vielen Fragen und zur Auswahl bot man einige Antwortmöglichkeiten an, denen jeder seine eigene Rangfolge zuordnen sollte. Meine spontane Antwort auf Rang eins war: „Zur Leistungssteigerung". Erst nach der Laufveranstaltung, einem Stunden-Paar-Lauf, den ich mit meinem Sohn Detlev absolvierte, machte ich mir Gedanken

darüber, ob das Kreuz an dieser Stelle wirklich richtig war.
Ist die Erhaltung der Gesundheit nicht das Wichtigste? Stimmt!
Laufe ich nicht als Ausgleich zur beruflichen Tätigkeit? Stimmt auch, genauso wie aus Freude an der Bewegung.
Dennoch revidiere ich meine „schnelle" Entscheidung nachträglich nicht. Ob bewusst oder oft auch weniger bewusst, auch eingedenk der ständigen Aufforderung zum trainingsmäßigen langsameren Laufen, steht bei jedem Lauf der Vergleich zum bereits Erreichten, zu den Anderen oder auch das Bemühen, mit leichtem, lockerem Lauf bei gleich niedrigem Puls schneller am vergleichbaren Ziel zu sein.
Man schaut beim Training wie beim Wettkampf auf die Uhr, wählt die Streckenlängen und das Tempo so, um die allgemeine Leistungsfähigkeit Stück für Stück zu verbessern oder zu erhalten, um zu den ausgewählten Höhepunkten in seinem Leistungsbereich das bestmögliche Ergebnis zu erreichen. Das schafft Erfolgserlebnisse, stimuliert das weitere Laufen, lässt die Fitness und damit bessere Gesundheit spürbar werden und vermittelt einen aktiven Erlebnisbereich als Ausgleich zur beruflichen Tätigkeit und zum sonstigen Alltag.
Alles liegt dicht beieinander und wenn man überhaupt eine Rangfolge in diesem Sinne aufstellen kann, dann habe ich mich für die Erhöhung der Leistungsfähigkeit an erster Stelle entschieden, wie sie dem Sport auch für Jedermann innewohnt. Eigentlich weniger eine Entscheidung als mehr der Ausdruck einer Lebenshaltung, die durch ein stets aktives Verhältnis zum sportlichen Tun geprägt wurde, was Gesundheit voraussetzt, aber auch nicht unwesentlich fördert.
Denn Sport und Gesundheit als eine wünschenswerte Einheit, als ein Zusammenspiel zum gegenseitigen Nutzen ist einerseits die Aktivität und zum anderen ein im täglichen Leben stets mit Aufmerksamkeit bedachter Wunsch, der möglichst keine Veranlassung für Sorgen geben sollte.
Man grüßt sich mit einem knappen: „Wie geht' s?". Sie nehmen es als eine höfliche Geste und antworten ebenso unverbindlich: „Danke gut", oder reagieren so, wie Ihnen gerade zumute ist mit einem der dafür üblichen Sprüche. Nehmen wir an, Sie haben Ihrer Befindlichkeit nach entsprechend ehrlich geantwortet. Dann war diese auf eine kurze Formel gebrachte Antwort doch die Auskunft darüber, inwieweit die vielen und

kompliziert ablaufenden Lebensvorgänge und die dafür zuständigen Faktoren in den Verhältnissen zueinander sind, wie sie einem gesunden Körper zuträglich wären.
Wollte der höflich Fragende das so genau wissen? Mit Sicherheit nein.
Aber gerade darum geht es. Bewusster wahrnehmen und agieren zu allem, was das Leben positiv wie negativ beeinflusst. „Wie geht' s?" hören aber: „Was tust Du, damit es Dir gut geht?" verstehen! Die dafür zuständigen Faktoren kennen und ins Bewusstsein – besser noch – ins Unterbewusstsein rücken zur Entwicklung förderlicher und guter Gewohnheiten.
Eine dieser Gewohnheiten ist zweifelsfrei die sportliche Betätigung über alle Altersklassen hinweg als Ausdruck bewusster Aktivität, ist unser Thema:
Sport und Gesundheit – ein vorteilhaftes Zusammenspiel.
Darüber zu informieren und aufzuklären, dazu Hinweise zu geben und anleitende Impulse zu vermitteln, ja, zum Nachvollziehen zu veranlassen und sicher noch einiges mehr sind Anliegen vieler Veröffentlichungen, Broschüren, Zeitschriften, Bücher und Internetseiten, die den Fragen des Laufens, des Joggens als einer mehr und mehr an Zuspruch gewinnenden und dem oben genannten Dienenden gewidmet sind. Der Interessierte erfährt, welche Schritte er gehen sollte, um vom „man müsste" zum Tun, von den Schritten der Einsicht in die Notwendigkeit zu den regelmäßigen Laufschritten zu kommen.
Alles gute und notwendige, überlegenswerte und anregende Ratschläge für ein Leben im gesundheitlichen Wohlbefinden, für die Erhaltung, ja Steigerung der Leistungsfähigkeit. Aber wie sieht es mit den eigenen Taten und vor allem Resultaten aus? Wie überwindet man die Probleme und Problemchen, die sich aus dem gefassten Entschluss, dem eigenen Körper zu liebe etwas zu tun, im Trubel des täglichen Lebens entgegenstellen? Was ist aus dem einsichtsvollen Vorsatz machbar? - ohne gleich zu fragen, ob alles das, was dort geraten wird, für Dich und mich Erprobtes ist, ob die vorgeschlagenen Programme Gegenstand des eigenen wöchentlichen oder täglichen Trainings der so zur sportlichen Bewegung Auffordernden sind?
Aber dennoch, das so oft und schnell in solchem Zusammenhang ausgesprochene: „Na, das sollte mir erst einmal

einer vormachen!", setzt Erwartungen. Auch wenn es nicht selten dazu dient, nur das eigene Beginnen zunächst noch vor sich her zu schieben. Es drängt sich die Frage in jener Richtung auf: Wie erreicht man schließlich selbst die in Aussicht gestellten Effekte unter den für das eigene Leben mehr oder weniger fest etablierten Bedingungen oder besser Gewohnheiten und persönlichen Voraussetzungen gegen das Weh und Ach aller Widrigkeiten?

Auf das eigene Bemühen, Erleben und läuferische Tun bezogen soll dieses Büchlein nun zeigen, wie ich es als einer aus den großen Teilnehmerfeldern breitensportlicher Laufveranstaltungen, der u.a. die erwähnten Hinweise nicht unbeachtet ließ, angefangen hat. Was von der Theorie zur Praxis geworden ist, was Theorie blieb, bleiben musste, weil das Leben eben auch andere Forderungen und nicht selten auch Beine stellt und weil das Laufen nicht als alleiniges Ziel, sondern als Mittel zum Zweck eingesetzt, nur eine Sache ist, die man unter den viel zitierten Hut bringen muss. Aber eine Sache mit einer für alle anderen Dinge des Lebens sehr wichtigen Funktion, möglichst mit einem festen dauerhaften Platz.

Für sich und damit auch für sein Umfeld aktiv zu sein durch Lebensgewohnheiten, die von Elementen des Gesundheitstrainings geprägt sind, ist schließlich ein allgemein gewolltes Ziel, das es gelten sollte, in immer größerer Breite bei vielen und immer mehr Menschen auch mit fortschreitendem Alter zu verwirklichen. Das Laufen ist dafür eine Möglichkeit von vielen. Aber, so meine ich aus eigenen Erfahrungen belegen zu können, eine höchst rationell zu verwirklichende und nach herrschender Meinung der Mediziner eine sehr wirkungsvolle noch dazu.

Wenn Sie, liebe Leserin, lieber Leser, schon einige mehr oder weniger zaghafte Laufversuche hinter sich haben oder bereits das erhabene Gefühl erster Erfolge gesteigerter Fitness durchleben konnten, dann nehmen Sie die folgenden Seiten als Mut zusprechendes Beispiel zum Weitermachen, um die nächste Etappe Ihres Wollens geistig und dann praktisch zu vollziehen. Auch der Erfahrene, sich schon in der Läuferschar Eingereihte und von sich selbst als Läufer sprechende, wird auf seine Kosten kommen. Ihm wird der Vergleich, der Erfahrungsaustausch geboten, der, so hoffe ich, manch Anregung und das Laufen als Erlebnisbereich vermitteln wird.

Sportliches und auch Stolpersteine

Zunächst waren es der Drang zur Bewegung, zum Wettstreit mit den anderen Gleichaltrigen am Nachmittag auf der Straße und der Drang, laufen zu können wie sonst kein anderer, der Klassenschnellste zu sein. Dann der Ehrgeiz, erste Plätze bei Meisterschaften in der Schule, im Landkreis und bei Sportfesten zu behaupten und das nicht etwa, wie man naheliegend annehmen müsste, auf mittleren und längeren Strecken, sondern auf den Kürzesten, die es wettkampfmäßig gibt und dem damit eng verbundenen Weitsprung.

zweiter Platz beim Weitsprung mit 5,68 m

An ein erstes läuferisches Kräftemessen erinnere ich mich in der fünften oder sechsten Klasse. Ein junger Lehrer, den wir „Puppchen" nannten, brachte die gesamte Schule in Friedrichshain in der Lausitz auf die Beine, um die Schnellsten aller Schüler zu ermitteln. Alles rannte begeistert, waren doch die Stunden draußen auf dem Sportplatz willkommener, als gar den Besten beim Kopfrechnen zu ermitteln, der längst keine unbekannte Größe mehr war.

Aber wer der Schnellste aller meiner Altersgenossen hier auf der Bahn sein sollte, das entschied schließlich mit einem ersten Platz für mich der letzte Lauf. Mein erster Sieg. Das machte mich stolz und spornte an.

Ich blieb auf den kurzen, schnellen Strecken und nutzte jede Gelegenheit, um meine Fähigkeiten im Sprint zu verbessern.

Ein erster Erfolg bei Meisterschaften gelang dann auch 1953 als A-Jugendlicher (damals die 16- und 17-Jährigen) im Kreis Straußberg bei Berlin. Aus einem Teilnehmerfeld von circa 40 Bewerbern wurde ich mit neuem Kreisrekord von 12,0 Sekunden Kreismeister über 100 Meter, was damals sogar eine Pressenotiz im DDR-weit erscheinenden "Sportecho" wert war. Darauf war ich natürlich sehr stolz und es beflügelte mein Streben, durch Training bessere Leistungen zu erreichen, was sich dann auch in weiteren Kreismeistertiteln widerspiegelte. Aber größere Sprünge, von denen man als Jugendlicher träumt, stellten sich nicht ein. Dennoch ging es kontinuierlich weiter und ich blieb, wie man so sagt, bei der Stange. Probierte manch andere Sportart wie Gerätturnen, Volleyball und anderes, organisierte Übungsstunden, besuchte Lehrgänge und übernahm organisierende Aufgaben, um die an der Leichtathletik Interessierten zusammenzuhalten.

Dem jugendlichen Alter entwachsen, kam ich als Student des Bauwesens in Neustrelitz in die engere Wahl, um das

1957 in Kyritz - Kreismeisterschaften 100m in 11.8 Sek.

„Technikum" (so die ortsübliche Bezeichnung dieser traditionsreiche Bildungsstätte) bei den Meisterschaften der Ingenieur- und Fachschulen der damaligen drei Nordbezirke, heute Mecklenburg-Vorpommern, in Wismar würdig zu vertreten. Im Sprint reichte es nur bis zum Zwischenlauf. Dafür klappte der Weitsprung wesentlich besser. Mit einer Serie von 6m-Sprüngen lockte diese Konkurrenz die Zuschauer in die Weitsprungkurve des Wismarer Stadions. Alle Neustrelitzer versuchten ihr Möglichstes, um mir zu helfen, die bereits mit dem ersten Sprung errungene Führung zu sichern. Eine tolle Stimmung, die mich auf 6,08 Meter getragen hatte. Aber als im sechsten Durchgang 6,15 Meter vorgelegt wurden, konnte ich mich zwar auch noch einmal steigern, aber 6,12 Meter bedeuteten schließlich den zweiten Platz und von nun an galt ich für kommende Wettbewerbe mit als Favorit in diesem Bereich.

Im folgenden Jahr wurden diese Wettbewerbe in Rostock ausgetragen, wo man sich für die am Semesterende in Dresden stattfindenden DDR-Bestenermittlungen qualifi-zieren musste. Obwohl ich im Rostocker Ostsee-Stadion mehrfach in den 6,30m-Bereich sprang, aber leider immer knapp übertrat, gelang es mir nicht, eine gute Weite in die Wertung zu bringen. So blieb schließlich nur die 4-mal-100m-Staffel, um in Dresden dabei sein zu können. Als guter Kurven-Sprinter hatte ich die

Im Rostocker Ostsee-Stadion, 1960

dritte Position zu besetzen. Für den Endlauf waren wir sehr hoffnungsvoll. Unsere Einzelleistungen lagen bei Zeiten unter 12,0 Sekunden. Als Schlussmann stand uns gar ein 11,2 Sekunden-Läufer zur Verfügung, der dann schließlich für uns den Stab als Dritter über die Ziellinie brachte. Dieser Platz entsprach nicht ganz unserer Erwartung, aber die 45,3 Sekunden lagen auch nur gering über unseren Möglichkeiten.

Mit Faszination nahm ich schon immer Leistungen auf den langen Strecken zur Kenntnis und bewunderte Leute, die einen Marathon laufen konnten, ohne zu dieser Zeit überhaupt die Möglichkeit gehabt zu haben, jemandem mit solchen Fähigkeiten persönlich zu begegnen oder gar persönlich zu kennen. 20 km zu laufen, war mir damals schon möglich, und ich brachte es gar in einem Winter, mit längeren Strecken im Neustrelitzer Kalkhorst, im Stadthorst und bis zur Kuhbrücke am Zierker See gelaufen, auf 200 km. Aber immer wieder beeinträchtigt durch Probleme an den Achillessehnen und an der Knochenhaut am Schienbein blieben diese Läufe lediglich zur besseren Konditionierung auf zwei Winter beschränkt.
Über die Gesundheit macht man sich als junger Mensch solange keine Gedanken, wie sie gegeben ist. So gesehen war mein Einstieg in das Berufsleben nach dem Studium denkbar ungünstig. Über ein Jahr hatte ich mich der Behandlung als Tuberkulose-Patient zu unterziehen und das bedeutete vor allem Ruhe, absolute Ruhe, viele Medikamente und Sport passé – zumindest für einige Jahre. Das war gravierend. War doch der Sport wesentlicher Bestandteil meines Lebens, oft der Weg, um mich recht schnell in neuer Umgebung und unter anderen Menschen gut zurechtzufinden.
Nach reichlich zwei Jahren wieder so richtig einsteigen zu wollen, war sicherlich nicht gut durchdacht. Anfänglich überraschend schnelle Fortschritte in einer Bitterfelder Sportgemeinschaft, interessante Arbeit und gute Verdienstmöglichkeiten hatten mich in diese Gegend verschlagen, täuschten darüber hinweg, dass der Körper, jetzt auch mit einigen Kilos mehr belastet, sich erst langsam an höhere Anforderungen anpassen musste. Die Quittung waren dann auch gleich die mir ja bekannten Beschwerden an den Sehnen. So gehandicapt, auch beeinflusst durch

Arbeitsplatzwechsel und Umzug nach Potsdam sowie Familiengründung, schlummerte die sportliche Betätigung im Verborgenen, bis ich 1967 den Start bei der Sportgemeinschaft „Lok"-Potsdam versuchte. Einem Verein mit Tradition und Leistungsbreite gleich nach der für „Landesehren" startenden Spitze.

Inzwischen war es für mich nicht nur das Wollen, sondern aus der Sicht des Arztes eine Notwendigkeit Sport zu treiben, um Herz und Kreislauf für die Aufgaben des Alltags leistungsfähig zu erhalten. „Anfänge von Manager-Krankheit" - wie der Arzt sich ausdrückte – waren Alarm genug.

Dem Sprint galt immer noch meine Vorliebe und dabei geschah es dann auch, bevor es so richtig losgehen konnte: abermals STOPP! Es war am 19. September 1967 auf der Aschenbahn des „Lok"-Platzes: Hans Schuffenhauer, der verdienstvolle Sektionsleiter von „Lok"-Potsdam und später noch in seiner Altersklasse Titel holender Starter bei Weltmeisterschaften der Senioren, meinte an diesem Tage, dass sie noch einen Mann für die Sprintstaffel bräuchten – und zum anderen absolvierte gerade eine Trainingsgruppe Fünfzehn- und Sechzehnjähriger 60m-Sprints nach Zeit. So die Situation auf dem Sportplatz.

Ordentlich warmgelaufen trieb mich angesichts der bevorstehenden Aufgabe die Neugierde, zu welcher Zeit ich wohl fähig sein würde. Also an die Startblöcke und los!

Ich war schneller als meine jugendlichen Mitkonkurrenten. Es war ein gutes Gefühl, vor ihnen herzulaufen.

Doch auf der Ziellinie verspürte ich im linken Bein ein dumpfes Zerreißen, die Kraft im Fuß war weg und ich landete auf der Aschenbahn – gewonnen in 8,9 Sekunden -. Aber irgendetwas im Bein war kaputt. Der linke Fuß gehorchte nicht mehr. Kraft- und reaktionslos war er unfähig, abzustützen. Kurz gesagt, ich konnte nicht mehr laufen und mir wurde schwarz vor Augen.

Aufregung auf dem „Lok"-Platz nahe der Glienicker Brücke in der Berliner Straße, mit Sondersignal zur Unfallbereitschaft und Einlieferung ins Krankenhaus; Diagnose: Achillessehnenruptur. Es musste operiert werden, sechs Wochen Gips und in vier Monaten Arbeitsunfähigkeit wieder Ruhe und danach weitere Ungewissheit.

Erst Monate später wagte ich im Urlaub einen ganz zaghaften Versuch, ob einige Laufschritte überhaupt möglich sind. Bis dahin hatte ich es mit gymnastischen Übungen versucht, um die Beweglichkeit und Kraft für ein normales Gehen wenigstens zu erlangen. Es war schon recht problematisch, nach Autofahrten und nach längerem Sitzen im Büro zu gehen. Aber der Laufversuch gab schließlich das Gefühl, mir etwas mehr zutrauen zu können. Es vergingen aber noch weitere Monate oder gar ein Jahr, bis ich ein direktes Lauftraining begann. Nicht etwa, um gemessene sportliche Leistungen zu erreichen, sondern es war ein Training für eine normale Beweglichkeit und Belastbarkeit im täglichen Leben. Die Ungewissheit, wie stark die operativ zusammengefügte Achillessehne belastet werden könnte, stand noch auf lange Zeit im Vordergrund bei allen Bewegungen, die etwas mit dem linken Fuß zu tun hatten. Demzufolge wagte ich auch nur gelegentlich auf der Bahn des Lok-Sportplatzes langsame Läufe, vermied Sprünge und spontane Belastungen. Heute bemüht man sicher andere Methoden, um eine Rehabilitation nach solchen Sportverletzungen schneller zu bewerkstelligen.

Mit unserem Umzug, inzwischen als Familie mit zwei Kindern, in die ländliche Umgebung von Potsdam, bot sich eine ideale Laufstrecke von der Haustür weg an. Ein paar Schritte und ich befand mich auf den von Lenné vor 150 Jahren angelegten Wegen am parkartigen Ruinenberg. Buchen, Eichen und Robinien und die vom Schloss Sanssouci aus zu genießende

Rodeln am Potsdamer Ruinenberg

Sicht zum Berg ziehen seit eh und je die Spaziergänger an. Die in leichten Schwüngen, durch die einst als Baumgruppen gepflanzte Bewaldung, sich schlängelnden Wege bieten Erholung und Entspannung, laden zum Verweilen wie zur Bewegung in der so nahe zur Stadt gelegenen Natur ein. Im Sommer sind es ganze Familien oder Kinder mit ihren Vätern, die auf den Wiesen dem Ball hinterher jagen und im Winter – vorausgesetzt der Schnee ist reichlich genug - zieht man mit dem Schlitten den Berg hinauf, um dann, das Schloss Sanssouci von der nicht so oft fotografierten Seite vor Augen, in voller Fahrt abwärts zu gleiten.

Die Großen des Laufsports gaben sich hier ein Stelldichein, um attraktive Wettkämpfe zu bestreiten. Aber auch Schulen, Sportgemeinschaften und andere Einrichtungen nutzten die Wege um den Ruinenberg für ihre gelegentlichen Laufveranstaltungen und nicht zu vergessen die Unentwegten, die das Laufen für sich entdeckt haben. Man wandelt also seit 1842 auf den Pfaden von Lenné und ich rannte nun dieselben nach Tausenden zählenden Runden und ich fragte mich schon, ob die über 150-jährige Geschichte dieses Landstrichs wohl jemals Füße gesehen haben mag, die diesem Waldboden mehr strapazierten, als es die meinen taten.

Aber zuerst waren es zwei bis drei gemächliche Runden à 1,3 km pro Woche und das auch noch mit Unterbrechungen bis sich endlich der Gedanke festigte, regelmäßig zu laufen und eine bestimmte Leistung im Auge zu haben.

10 km durchlaufen zu können, nur so, ohne dabei zwischendurch auf die Uhr zu schauen, eine vorgenommene Zeit einhalten zu wollen, hieß schließlich das Ziel und war eigentlich der Ausgangspunkt meiner sportlichen Aktivitäten als Ausdauerläufer. Also, nur so 10 km laufen – laufen können! Das bedeutete schon etwas, was man sich erst einmal – nun schon als 40-Jähriger – mit überwundenem Handicap erlaufen musste.

Schritt für Schritt

Wenn das gesteckte Ziel erreicht ist und mehr noch, wenn man inzwischen leisten kann, was früher noch nicht einmal im Traum als möglich erschien und nun zu etwas Alltäglichem geworden war, dann fällt es schwer, die Mühen des Anfangs ins Gedächtnis zu rufen. Wenn es nach in die Hundert zählender gelaufener Wettkämpfe, darunter die jährlichen Rennsteigläufe, fast ebenso viele Marathonstarts und die zahlreichen Läufe über 25 km, bisher nur einen gibt, der verletzungsbedingt nicht zu Ende gebracht werden konnte, dann überwiegt die Erinnerung an gut überstandene Leistungsproben, an kontinuierlich bessere Zeiten und an gutes Verkraften großer Anstrengungen.

Interessieren soll aber der Anfang, das Wie des Anfangs. Und da hieß es, trainieren muss man, regelmäßig, das war klar, um das bereits genannte Ziel zu verwirklichen. Und ich meinte damit einmal in der Woche laufen. Was aber so geschehen sollte: Der Familie wollte ich mit meiner Lauferei nicht zur Last fallen, der weitere Tagesablauf möchte bitte nicht beeinträchtigt werden und schließlich hatte ich auch nicht vor, größere Aufmerksamkeit zu verursachen. Und da boten sich, um all dem Genüge zu tun, als allerbeste Zeit die bisher verschlafenen Morgenstunden am Sonntag an.

Punkt sieben Uhr sah man oder besser ich mich auf der gleich hinter dem Haus beginnenden Strecke am Ruinenberg, wie ich dort sommers wie winters meine Runden drehte. Ich fühlte mich wenig beobachtet, machte mein Ding, wie man heute so sagt, und bis zum Frühstück war einschließlich Bad schon alles

Am letzten Anstieg in Schmiedefeld, 1984

erledigt. Allerdings erforderte das doch einige Überwindung und ich musste mir Woche für Woche, Sonntag für Sonntag fest vornehmen, es auch zu tun. Aus Überwindung wurde Gewohnheit, die sich so am Anfang gut bewährt hat. Es stellte kein Zeitproblem dar, man musste es nur machen und mit dem Essen geht' s so auch günstiger, als immer den richtigen Zeitpunkt zwischen den Mahlzeiten abzuwarten.
Im Jahre 1977, dem 40. meines Lebens, begann ich dann auch über meine Laufaktivitäten Aufzeichnungen zu machen: Gelaufene Strecke, benötigte Zeit und Vermerke darüber, wenn es mal nicht so lief oder das Wetter erschwerte Bedingungen bot. Danach waren für jene zwölf Monate 49 Trainingsläufe meist über 10 km notiert und auf die 460 insgesamt gelaufenen Kilometer war ich damals recht stolz. Auch die Entwicklung der 10km-Zeiten auf meiner Hausstrecke mit dem ständigen Auf und Ab über 1,3 km pro Runde war alles andere als entmutigend. Man will ja wissen, wie es voran geht und schaut auf die Uhr, obwohl es, wie wir heute mehr als damals wissen, gar nicht so sehr darauf ankommt. Aber dennoch sei' s genannt: Es begann am 2. Januar mit 56 Minuten für diesen Kurs. Dann sind am 5. Februar 54 Minuten notiert, am 3. Juli 53 Minuten und schon am 6. August 51 Minuten. Da konnte es doch nur noch eines geben, die 50-Minuten-Grenze zu unterbieten, was dann schließlich mit 49:45 Minuten am 17. Dezember gelang.
Diese Zeit halte ich besonders aus der Sicht des sich wandelnden Leistungsvermögens für beachtlich und nötigt mir heute mehr Respekt ab als damals. Denn 50 Minuten für 10 km auf diesem Kurs sind ein flottes Tempo, was sich nicht immer ohne weiteres aus dem Ärmel schütteln lässt. Und wenn man den Empfehlungen für ein Ausdauertraining folgt, dann sollte ohnehin nur mit 80% oder weniger des möglichen Leistungsvermögens trainiert werden und da reiht sich diese Zeit als ein ordentliches Trainingstempo ein. Später avancierte es zum Maßstab für die erste Marathonhälfte, was dazu führte... Aber das ist ein späteres Thema.
Das sollten einige Dinge sein, wie sie vordergründig im Gedächtnis haften und das Laufen in einem bestimmten Maße stimulierten.

Regelmäßig einmal pro Woche, meist über 10 km, zu laufen wurde zum Bedürfnis. Weil ich eben spürte, dass es voran ging und für mich nützlich war. Es gab natürlich auch Probleme, von denen wohl jeder, der sich dem Laufen verschrieben hat, sein Liedchen zu singen weiß. Da zwickte es schon nach 2 oder 3 Kilometern im Knie oder es zog in den Waden. In anderen Wochen gelang es nicht, die 10 km zu bewältigen, da scheußliche Schmerzen in der Achillessehne auftraten, die sich nicht nur beim Laufen bemerkbar machten, sondern auch recht hinderliche Auswirkungen beim normalen Gehen im täglichen Leben hatten. Dann meldeten sich wieder einmal Muskelpartien in den Oberschenkeln, die sich offensichtlich überfordert fühlten oder eines der beiden Fußgelenke ermöglichte nur ein vorsichtiges Vorwärtskommen.

Es ging die Beine rauf und wieder runter, manchmal gaben sich die Beschwerden während des Laufens, ein anderes Mal zwangen sie zum gemächlichen Heimweg und zu einer Trainingspause. Nicht selten dachte ich, wie toll ich doch laufen könnte, wenn diese „Knochenprobleme" sich nicht immer wieder in den Weg stellen würden und man mit allen möglichen Mitteln versuchen musste, sie irgendwie weg zu bekommen. Alles, fast alles, was die Apotheke in dieser Richtung anzubieten hatte, wurde durchprobiert: Einreibungen mit mehr oder weniger angenehmen Gerüchen, Bäder, Packungen und anderes mehr. Ein Wundermittel für alle Fälle, was manch Sportfreund glaubte entdeckt zu haben und darauf schwur, ist mir dabei nicht begegnet. Irgendwie haben all diese Dinge sicherlich geholfen, aber mir scheint, ein überlegtes Abwägen von laufen oder nicht laufen oder laufen mit geringer Intensität ist in solchen Fällen vorrangiges Mittel, um bestimmten Beschwerden zu begegnen. Ich habe es so gehalten und bin bis heute gut damit gelaufen, auch weil ich inzwischen gelernt habe, auf die Zeichen des Körpers zu hören und im Laufe der Jahre genügend Erfahrung sammeln konnte, um zu spüren, welche Erscheinungen ernster genommen werden müssen und welchen mit dosiertem Training besser zu begegnen ist.

Die Achillessehnen zum Beispiel können schon mal zur viel zitierten Achillesferse werden. Wenn es hier weh tut, geht nichts mehr.

Der Eisbeutel linderte in solchen Fällen die akuten Beschwerden, ansonsten empfand ich warme Socken besonders wohltuend, um zumindest die Beschwerden schneller abklingen zu lassen und die Anfälligkeit ein wenig zu reduzieren.
Dieses Sehnenproblem hat aber auch, wie ich meine, eine aktive Seite und zwar die Dehnung und Kräftigung. Eigentlich schon immer bekannt, aber es hat geraume Zeit gedauert, das eigens dafür zusammengestellte kleine Übungsprogramm in den Tagesablauf – möglichst gleich morgens – einzubauen und es konsequent durchzuführen. Die hierdurch schnell und unmittelbar zu verspürenden positiven Wirkungen sorgten aber bald dafür, dass diese wenigen Minuten üben prompt in den Rang von „Zähne putzen" aufstiegen.
Was kann man noch tun? Nach dem Laufen in der Badewanne die Beine, die eben schon umsorgten Sehnenbereiche und den ganzen Körper mit einer Bürste massieren. Sie werden nach der Anstrengung die wohltuende Wirkung unmittelbar verspüren und stimulieren eine schnelle Erholung. Und wenn man sich überwinden kann, und Sie können das, als Wechselbad noch eine zuerst warme und dann kalte Dusche, wie üblicherweise empfohlen, von Kopf bis Fuß laufen zu lassen, dann haben Sie schon viel getan, um weitgehend mit den Nachwirkungen schneller fertig zu werden oder sie erst gar nicht aufkommen zu lassen. Für mich ist es inzwischen Gewohnheit geworden und ich möchte es nicht mehr missen. Kein verbindliches Programm, sondern weitergegebene gute Erfahrungen aus den Anfangsjahren. Der Erfolg damit sollte mir Recht geben. Wesentliche Beeinträchtigungen des Trainings wurden immer weniger. In meinen Aufzeichnung muss ich schon danach suchen, um die letzten diesbezüglichen Eintragungen zu finden. Kaum noch eine nennenswerte Sache nach den ersten zehn Jahren im langen Laufen und ich konnte nun für mich konstatieren, dass es mir im Laufe der Jahre gelungen ist, durch kontinuierliches Training und Laufen im für mich verträglichem Umfang meine anfänglichen und über einige Jahre mich begleitenden Probleme zu beherrschen beziehungsweise hinter mir zu lassen.
Was Sie daraus entnehmen könnten, sollte nach meinen Erfahrungen folgendes sein:

Wenn es mal zwickt und zwackt und partout so scheint, es geht nicht mehr, dann überlegen und dranbleiben, nicht aufgeben und nicht meinen, es hat keinen Zweck! Durch weiteres Training stellen sich zum einen die notwendigen Anpassungen ein und lassen eines Tages über das Gewesene lächeln. Zum anderen bereichern Sie mit jedem überwundenen Problemchen Ihre Erfahrungen und stärken ungemein Ihre Zuversicht: Egal was da noch kommen mag, Sie werden es packen!

Zu beachten sind natürlich noch eine Reihe von Dingen für die es in einschlägigen Veröffentlichungen viele Hinweise gibt, wie zum Beispiel, um nur eines noch herauszugreifen, die zu verwendenden Schuhe. Die heute hierauf bezogenen Verbraucherinformationen verlangen den Umgang mit Fachbegriffen und sind nun weit umfangreicher als das lange Zeit für mich zugängliche Angebot für auf DDR-Boden Laufende notwendig machte. Ausdauer war gefragt, um an einen Schuh heranzukommen, mit dem das jährliche Laufpensum von mehr als 1000 km unbeschadet zu bewältigen war. Heute kein Thema mehr, aber dennoch sei gesagt: Die richtigen Schuhe sind die halbe Miete, um im Kampf mit den Kilometern und den hier und da möglichen Beschwerden zu bestehen. Diese Erfahrung wird jeder machen, der zunächst erst einmal meint, Schuhe sind Schuhe, Hauptsache sie passen und drücken nicht. Mehr oder weniger war auch ich, sei es gezwungenermaßen, einst bei meinen wöchentlichen 10 Kilometern so herangegangen. Aber dabei sollte es nicht bleiben. Erreichte Ziele – Sie erinnern sich? 10 km sollten es sein, nur so durchlaufen, spornen an, Höheres ins Auge zu fassen, zumal Ende der 70-iger Jahre volkssportliche Laufwettbewerbe über längere Strecken allerorts wie Pilze aus dem Boden schossen. So auch in Potsdam.

Der erste „Werner-Seelenbinder-Gedenklauf" war für den 22. Oktober 1978 angekündigt und sollte in den Ravensbergen (dem Endmoränenzug südlich von Potsdam) über eine Strecke von circa 16 Kilometern gehen. Die 10 km hatte ich inzwischen mit Zeiten unter 50 Minuten in den Griff bekommen, so dass eine wettkampfmäßig gelaufene längere Strecke nur die logische Schlussfolgerung sein konnte, die ich auch wollte. Also, ein erster Wettkampf auf einer langen Laufstrecke, das war schon ein deutliches Zeichen dafür, dass das auf Ausdauer ausgerichtete Laufen begann, mich zu packen.

Nicht nur 10 km sondern einiges mehr musste nun – immer noch jeweils Sonntagmorgen ab 7.00 Uhr am Ruinenberg – absolviert werden, um sich auf einen „größeren Kanten" einzustellen. So wurden drei Wochen vor dem genannten Termin gleich 20 km in Angriff genommen. Nur erst einmal durchlaufen und das klappte auch, soweit ich mich noch daran erinnern kann, relativ gut. Auch wenn in den Trainingsaufzeichnungen dafür eine Stunde und fünfzig Minuten notiert sind. Um mit den Kräften hauszuhalten, taktete ich an den folgenden Sonntagen 15 und dann 6 km ein. So meinte ich damals, bei nur einem Trainingstermin pro Woche, mich auf diese Leistungsprobe richtig eingestellt zu haben.

Der 22. Oktober 1978 war ein regnerischer Tag und so gar nicht dazu angetan, sich wettkampfmäßig auszuprobieren. Nach der Begrüßung, ehrende Worte für Werner Seelenbinder, dem 1944 von den NAZIS ermordeten Ringer und Olympiakämpfer, mit eingeschlossen, und der Meile für Jedermann, stellten sich etwa 40 Teilnehmer dem Starter. Ein Rundkurs durch das Waldgebiet der Ravensberge wurde gelaufen und stellte mit den zahlreichen Anstiegen, die ja an anderer Stelle auch wieder hinunterzulaufen waren, keine geringen und recht ungewohnte Anforderungen.

Es ging los und ich orientierte mich am Ende des Feldes. Die Spitze stürmte natürlich mit ganz anderem Tempo davon und schickte sich an, noch bevor die dritte Runde für mich beendet war, die vierköpfige Gruppe, in der ich mitlief, zu überrunden. Für viele war es ein erster Versuch in einem solchen Wettbewerb und so zog sich das Läuferfeld über die gesamte Runde auseinander. Vorne die auf den langen Strecken erprobten Läufer von „Lok" Potsdam, allen voran Paul Krebs, Leo Hohmann, Dr. Helmar Priesemuth, dann – aber auch noch eine Runde vor mir – Rolf Meinelt u. a. Es wurde immer schwerer und zur Quälerei auf den letzten Kilometern. Ich hatte mir für' s Erste wohl etwas zu viel zugemutet. Immer wieder bergauf ging an die Grenzen des vermeintlich Möglichen und ließ den derzeitigen, nicht der erforderlichen Leistungsfähigkeit entsprechenden Trainingszustand spürbar werden. Obwohl es nicht mehr ging, ging es dennoch weiter! Die kleine Gruppe konnte ich schließlich doch hinter mir lassen, sodass ich mich in der abschließenden Runde völlig allein durchbeißen musste. Nach 1:27:48 Stunden war das Ziel erreicht und mir ist nur zu deutlich in Erinnerung, dass ich an jenem Sonntag zu nichts mehr als Beine hoch zu bewegen war. Aber doch mit dem Gefühl der Zufriedenheit, die für mich sehr lange Strecke in den Ravensbergen geschafft zu haben. Obwohl fast am Ende des Feldes angekommen und sonst auch am Ende, war ich stolz darauf, durchgehalten zu haben. Wer ist schon von den vielen Mitmenschen in der Lage, 20 km zu laufen? Unter meinen Arbeitskollegen war damals keiner zu finden. Später ließen sich zwar einige vom Laufen inspirieren, aber die 20 km blieben auch von ihnen unangetastet. So gesehen war es schon etwas Besonderes, 10 km und mehr zu laufen und damit immer wieder für Gesprächsstoff zu sorgen. Für den Untrainierten sind solche Strecken nun einmal fürchterlich lang und respekteinflößend. Damals mehr als heute.

Mit meinem „einmal pro Woche laufen" hatte ich mich schon recht gut darauf eingestellt und brachte so das Jahr 1978 mit 565 gelaufenen Kilometern in 53 Läufen zu Ende. Das waren reichlich 100 km mehr als im Vorjahr bei durchschnittlich 10,7 km pro Lauf. Soviel Statistik muss sein, zumal ich ja vorhatte, diese Zahlenreihe in den kommenden Jahren mit entsprechendem Zuwachs fortzuschreiben. Das macht Mut und Lust auf mehr.

Eile mit Meile

„Eile mit Meile!" - Das war von Beginn an ein für die Laufbewegung werbewirksamer Slogan.
Festtagsmeile, Olympiameile und wie sie auch immer hießen und in der DDR auch dazu dienten Statistiken zu füllen, waren dazu angetan, vielen den Start bei einem Lauf zu erleichtern. Es spornte an, mit ausgefüllten Meilenpässen schrittweise immer höhere Ziele anzusteuern und schließlich als wohl verdienten Lohn und als äußeres Zeichen eigener läuferischer Aktivitäten im Vorfeld der Moskauer Olympiade je nach erlaufener Strecke ein weißes, blaues oder gar das gelbe T-Shirt für 1000 gesammelte Meilen in Empfang zu nehmen. Zahlreiche Laufveranstaltungen wurden so ausgerichtet, um recht viele, die bisher bei einer sportlichen Betätigung noch abseits standen,

anzuregen mitzumachen und zum regelmäßigen Laufen zu veranlassen.

In Potsdam gab es die mit einer Tombola verbundene Laufserie „Als Meilenkönig nach Moskau!" Bedingung, um mit im Lostopf zu sein, war lediglich die Teilnahme an einer bestimmten Anzahl von Läufen der ausgeschriebenen Serie und schließlich das nötige Glück beim abschließenden Auslosen. Für mich sprang damals nicht die Reise aber doch als brauchbares Utensil eine Aktentasche heraus.

Ranglistenläufe stimulierten ebenfalls die regelmäßige Teilnahme an Wettkämpfen, führten eine große Läuferfamilie zusammen und gaben für den Einzelnen Aufschluss über sein Leistungsvermögen. Vielerorts kamen ähnlich angelegte Formen hinzu, anderswo schlief auch manch guter Anfang wieder ein. Ob dabei irrige Auffassungen von Sportfunktionären mit Pate standen, die aus ihrem warnenden Wort vor einer Verselbständigung der Laufbewegung ein Eindämmen machten, muss heute nicht mehr herausgefunden werden. Die Laufbewegung ließ sich nicht reglementieren, sie nahm ihren Lauf für viele, aber immer noch für zu wenige. Denn – und damit zu einem Gesichtspunkt, einem allzu oft genannten, gleich dem zu erhebenden Zeigefinger, der an dieser

Vater (86) und Sohn (85) laufen 20 km in Potsdam

Stelle nicht ausgelassen werden darf. Lassen Sie sich anregen, um zu vergleichen und darüber nachzudenken.
Schauen wir uns um in unserer Umgebung, bei den Arbeitskollegen, im Bekanntenkreis und dort, wo wir wohnen. Was stellen wir fest? Wie viele oder zutreffender gefragt, wie wenige, denen es gut tun würde, gehen einer regelmäßigen sportlichen Betätigung nach? Die Anzahl ist zu gering und darüber können auch statistische Erhebungen nicht hinwegtäuschen. Mehr als zehn Millionen aller in Deutschland lebenden Menschen würden joggen, der Deutsche Leichtathletik Verband nennt 17 Millionen, an anderer Stelle weiß man von 19,1 Millionen. Der aktive Läufer registriert jede dieser Aktivitäten, wo auch immer sie zu beobachten sind. Die Statistiker sammeln offensichtlich ihre Zahlen an anderer Stelle. Egal aus welchem Anlass man sich trifft. Es bleibt nicht aus. Die Gespräche über die oft negativen Befindlichkeiten haben zunächst die Oberhand. Auf ein Wort wie Gesundheitstraining dürfte man wohl vergeblich lauschen. Über Krankheiten, die sich soeben einstellen und ob man etwas dagegen tun könne, sagt der eine dies und der andere das.
Aber welche positiven organischen Anpassungen zum Beispiel ein regelmäßiges Lauftraining mit sich bringt, entzieht sich dann doch der allgemeinen Erfahrung bis auf den Fakt, dass es sicherlich ganz nützlich sei, aber man hat auch schon von Todesfällen gehört.
Als Läufer wissen wir natürlich – wir interessieren uns dafür und haben uns damit befasst – dass die Funktionstüchtigkeit des Organismus nur dann erhalten bleibt, wenn seine Funktionen immer wieder sinnvoll beansprucht werden.
Dass man – und wer hat das nicht schon wiederholt in einer Apotheker-Zeitung oder anderswo gelesen – dem bekanntermaßen zunehmenden Bewegungsmangel und den damit einhergehenden ebenfalls zunehmenden degenerativen Veränderungen im Herz-Kreislaufsystem, bei den Stoffwechselvorgängen, am Skelett-, Band- und Muskelapparat und bei den Atmungsorganen entgegenwirken muss.
Jeder ist froh über ein modernes und leistungsfähiges Gesundheitswesen. Das schafft Sicherheit und Zuversicht für das, womit man eventuell auch rechnen muss. Aber damit allein wird niemand eine insgesamt positive Entwicklung des

Gesundheitszustandes der Bevölkerung bewirken können. Es ist die andere Seite der Medaille, und zwar die, auf der repariert wird.

Ich meine, und das bei hoher Anerkennung der Leistungen aller Ärzte und Schwestern, der Gesundheitszustand der Bevölkerung braucht aufgrund der veränderten Bewegungsstrukturen und der weitverbreiteten und zu oft zu beklagenden persönlichen Gewohnheiten ein leistungsfähiges Gesundheitswesen.

Jeder weiß es, vorbeugen ist besser als heilen, um an dieser Stelle an eine uralte Volksweisheit zu erinnern. Und es ist wie es ist: Zivilisation und Zivilisationskrankheiten präsentieren sich als unheilvolle Allianz. Das eine „ja", das andere bitte „nein", aber von selbst wird nichts. Mehr eigene Aktivität für die Gesundheit und Leistungsfähigkeit eines jeden nach seinen Möglichkeiten ist gefordert, und das durch angemessene Reize bei der physischen Beanspruchung verbunden mit vernünftigen Verhaltensweisen bei der Ernährung, dem Genussmittelverbrauch, der Tageseinteilung und schließlich bei den zwischenmenschlichen Beziehungen.

Eine ganze Reihe von Erwartungen, von denen jede für sich immer wieder auf' s neue beachtet werden müsste, könnte man denken. Wohl ein unlösbares Problem, und worauf man doch alles verzichten müsste. Dies sollst Du, jenes darfst Du wieder nicht, und .. und .. und.

Für mich als sportlich orientierter Mitbürger ergab sich eine andere, optimistischere Erfahrung: Aktiv Sport treiben führt zu einer positiven Unter- bzw. Zuordnung all der vielfach genannten Forderungen. Die Prämissen dafür, was das Leben ausmacht, qualifizieren sich in einer bestimmten Art und Weise. Man befasst sich mit leistungsfördernden Methoden, stößt dabei auf biologische Zusammenhänge und organisiert demzufolge sein tägliches Leben bewusster, ordnet anders bzw. richtiger zu und ein. Etwas zu unterlassen ist so gesehen kein Verzicht, sich zu Belastungen durchzuringen, die nicht selten auch unbequem sind, wird als Gewinn, als unmittelbar vorteilhafte Wirkung der sportlichen Betätigung für den im bestimmten Umfang leistungsfähigen Menschen erlebbar.

Der nach einem anstrengenden Arbeitstag mit seinen unterschiedlichsten zu bewältigenden, erfreulichen und weniger

erfreulichen Situationen eingeordnete Lauf durch den Wald oder Park entspannt, lässt von den Mühen des Alltags abrücken oder sie wesentlich optimistischer betrachten und vermittelt nicht selten – weil es eben gut läuft und die Leistungsfähigkeit spürbar wird – eine Art alltäglichen Hochgefühls.
Man ist schließlich geschafft, aber doch glücklich, zufrieden und ausgeglichen.
Nun, wer möchte das nicht sein, und welchen einfacheren Weg gibt es, um sich diese Art Lebensstandard in einem bestimmten Umfang kontinuierlich zu sichern?
Oder werden mit Lebensstandard allzu oft nur die materiellen Güter angesehen, die uns umgeben und für die wir mitunter so viel Kraft einsetzen, um sie zu besitzen? Sind sie dann da, müssen Sie gehegt und gepflegt werden. Das braucht Zeit, bringt aber auch Freude. Wo ist der Punkt für ein ausgewogenes Verhältnis zwischen den Annehmlichkeiten des Alltags und dem, was wir nicht vernachlässigen sollten und das oft Mühsal bedeutet?
Mit Hingabe und Aufmerksamkeit widmen wir uns unserem fahrbaren Untersatz. Da lassen wir keinen Kratzer zu. Sorgen für Durchsicht, Ölwechsel und was noch alles, damit der Motor auf Touren bleibt, Leistung bringt und keinen Schaden nimmt. Wir werden sicher und pünktlich am Ziel ankommen, denn es ist alles dafür Notwendige bedacht und getan.
Unser Körper hat auch einen Motor, manchmal fast respektlos „Pumpe" genannt. Das Herz, es arbeitet Schlag um Schlag, darf sich keine Pause wie das auf dem Parkplatz abgestellte Auto gönnen. Ein Leben lang Leistung bringen, Schlag um Schlag, Tag und Nacht viele und immer mehr Jahre. Ist auch hier alles bedacht und getan, um ans gewünschte Ziel zu kommen? Oder läuft unser Motor eben so lange er läuft und erregt zu häufig erst dann Aufmerksamkeit, wenn er zu „stottern" beginnt? Und für diesen Fall ist dann der Arzt zuständig.
Leider allzu oft zu beobachten, und deshalb sei ein weiterer mahnender Hinweis gestattet, der aus kompetenter, nicht zum Rezepte schreibender Feder eines Sportmediziners stammt und schon vor mehr als 20 Jahren fern von heutiger bundesdeutscher Krankenkassenlage nachdrücklich forderte und schrieb (siehe Straußenberg: Gesundheitstraining, Bln. Volk und Gesundheit, 1982: Wenn es um die Gesundheit geht, sollte

„sich die persönliche Aktivität noch stärker auf die Seite des Patienten" verlagern und sollte „in den Verhaltensweisen und Denkgewohnheiten eine aktive Gestaltung des täglichen Lebens stärker berücksichtigen." Und weiter ist zu lesen: „Gesundheit ist weder ein Geschenk noch Schicksal, sondern zu einem nicht geringen Teil das Ergebnis eigenen Bemühens". Beachtens- und bemerkenswerte Worte! Und deshalb halten wir es mit Astrand, einem schwedischen Sportmediziner und Forscher, und „laufen um unser Leben", wie er fordert, womit wir nach diesem Exkurs mit erhobenem Zeigefinger wieder beim eigentlichen Thema wären.

Der Weg zum Läufer

Ein erster Wettkampf, nun häufiger zu verfolgende Publikationen zum volkssportlichen langen Laufen sowie stolz darauf, selbst eine längere Strecke laufen zu können und spürbar werdende Fitness, waren sicherlich das, was den bis dato erreichten Stand ausmachte und den Ausgangspunkt für neue Überlegungen setzte. Nämlich, wie die mit Olympia 1980 verbundenen volkssportlichen Aktivitäten in der Meilenbewegung, sprich 1000 Meilen als höchstes Ziel, durch einen zweiten Trainingslauf pro Woche erreicht werden könnten?
Also, ein zweiter Trainingslauf pro Woche!
Das bedeutete die Laufkilometer pro Woche zu verdoppeln. Denn weniger zu laufen, eine kürzere Strecke jeweils zu wählen als beim einmaligen Lauftermin, hielt ich für nicht effektiv genutzten Aufwand, der in jedem Fall vor und nach dem Training zu betreiben ist. Und die Zeit dafür musste ja auch erst einmal gefunden werden.
Zweimal in der Woche zu laufen, das muss man schon planen. Es dem Zufall zu überlassen, führt nur zu schnell dazu, dass besser zu nutzende Tage ohne Lauf verstreichen und der eigene Vorsatz nur lückenhaft erfüllt wird.
Das ist eine grundsätzliche Erfahrung, die ich jedem wärmstens empfehlen möchte, um das vorgenommene Laufpensum pro Woche kontinuierlich auch unter die Füße zu nehmen.
Wir wissen, wie viele Wenn und Aber hier dagegen spielen können. Da ist das Wetter, vom dem man sich zwar nicht allzu

sehr beeinträchtigen lassen sollte, aber bei Regen ist nun einmal weniger Spaß dabei!
Und da sind die vielen anderen nicht zu vernachlässigenden Verpflichtungen. Alles muss unter den berühmten Hut gebracht werden. Die mitunter nicht aufs Laufen gerichtete Stimmung zu überwinden, hat sich allemal ausgezahlt und ist ohnehin mit den ersten beschleunigten Schritten im Wald oder wo auch immer schnell vergessen.
Nun ging es bei dem „mehr Kilometer laufen" und besonders beim öfteren Laufen nicht schlechthin um das höhere Pensum und die Erfüllung einer gesteckten Norm. Eine Rolle spielte schon auch der in einschlägigen Beiträgen oft gegebene Hinweis, dass nicht nur mit den gelaufenen Kilometern die gewünschten Effekte erreicht werden, sondern, dass es besonders darauf ankäme, einen Trainingszyklus so eng wie möglich zu gestalten. Der Eingeweihte weiß, dass es besser ist, jeden Tag einige Kilometer oder 30 Minuten zu laufen, als irgendwann mal einen „großen Kanten".
Dauermethode, Intervalltraining und Fahrtspiel begannen eine Rolle zu spielen. Nicht als ein nach allen empfohlenen Gesichtspunkten ausgewogenes Training, aber hier und da beherzigte Hinweise brachten dann und wann mit einem anderen Laufrhythmus Abwechslung und differenzierte Belastungen, die sich positiv auswirken sollten.
Bisher ist sicher der Eindruck vermittelt worden, dass mein gesamtes Lauftraining als überwiegend individuell gestaltete Initiative über die Wege und Straßen ging.
Das ist im Wesentlichen richtig. Ich sehe darin einen nicht zu unterschätzenden Vorteil des Laufens als kontinuierlich betriebene sportliche Betätigung gegenüber den mannschaftsgebundenen Sportarten, die ohne Frage auch ihren Reiz haben. Aber, man hat nicht immer eine Mannschaft zur Verfügung, mit der man nach Herzenslust loslegen kann.
Gerade zu dieser Zeit hatte ich durch meine sportlich organisierte Bindung an die soeben gegründete Sektion Volleyball der Sportgemeinschaft Bornim die Gelegenheit, recht unmittelbar das Auf und Ab gemeinsamen Sporttreibens mitzuerleben. Nun möchte ich hier keine detaillierte Analyse dieses mitunter recht dramatischen Problems vornehmen. Es wäre sicher auch nicht typisch für die vielen sportlichen

Gruppen und Mannschaften, die ja erfolgreich so vielen Menschen die Möglichkeiten zum gemeinsamen Training eröffnen. Aber einige Aspekte sollen doch genannt werden, wie sie mitunter aus den jeweiligen Gegebenheiten des Lebens auch im Sport stecken, aufeinanderprallen und zu meistern sind beziehungsweise trotz bester Vorsätze, wieder daran zerbrechen.
Aber wie war es nun bei der bereits genannten Sektion, mit deren Entstehen und deren Scheitern die Vorteile für meine Art Sport zu treiben, unterstrichen werden soll.
Am Anfang stand das allgemeine Interesse für das Spiel mit dem Ball über das Netz, für die Bewegung an frischer Luft, für den Spaß in der Gemeinschaft und auch die Nutzung einer Gruppe Gleichgesinnter, die persönliche Hemmungen nicht aufkommen ließ. Und so fanden sich aus den Zufälligkeiten eines kleinen Wohngebiets über 20 Volleyball-Besessene zusammen und gaben sich freudbetont dem gemeinsamen Spiel hin, ohne feste Organisationsformen, aber doch mit einer bestimmten Regelmäßigkeit, immer sonntags am Vormittag.
Was lag also näher, als diese Aktivitäten zu nutzen, um einen festgefügten Sportbetrieb auf die Beine zu stellen:
Mit einem Training nach den Vorstellungen eines „lehrgangabsolvierten" Übungsleiters, wo auch andere Elemente als nur Volleyball spielen Platz haben mussten.
Mit einer regelmäßigen Teilnahme am Training, denn sechs Spieler möchten sich schon bei einem Match auf jeder Seite gegenüber stehen.
Mit einem volkssportlichen Wettspielbetrieb und mit vielem anderen mehr, was gelenkt, geleitet und organisiert werden musste.
Und die Unterstützung der Sportgemeinschaft mit Gerät wollte man auch nicht ausschlagen.
Keine Frage, die Sache wurde so angegangen und nahm einen von vielen Initiativen getragenen Aufschwung.
Alle Zeichen sprachen dafür, dass sich der breiten Volleyball-Bewegung eine weitere Sektion hinzugesellen wird.
Aber leider musste man bald feststellen, dass die aus erster Begeisterung erreichten Höhen mit zwei Mannschaften im Wettspielbetrieb, mit Turnieren, intensivem Training und allgemeinem Zuspruch nicht behauptet werden konnte. Die Talfahrt war ebenso rapide.

Dem jugendlichen Schwung und der Unbekümmertheit stand der vom ernsthaften Wollen getriebene, aber doch schon durch die Jahre angekratzte oder von anderen Interessen eingeschränkte Elan gegenüber.

Da sollte ein Spiel auf' s Parkett gebracht werden, wie es im Buche steht. Aber so manch einer wollte es gern etwas lockerer angehen.

Jeden verloren gegangenen Ball und gemachten Fehler zu diskutieren, war nicht im Sinne eines freudbetonten Spiels und drückte auf die Stimmung derjenigen, die anderer Meinung waren und die sich laufend „wohlgemeinte Hinweise" anhören sollten, um sie an das Niveau der Besseren heranzuführen, wo sie aber auf Teufel komm raus nicht unbedingt hinwollten.

Also die Leistungsunterschiede, die konträren Auffassungen, die Jüngeren, die Älteren und die Meckerer, die nicht erfüllten Erwartungen und sicher noch einiges mehr waren keine gute Fügung beziehungsweise stellten Anforderungen, die über das „nur spielen wollen" hinausgingen und denen man nicht gewachsen war.

Schade darum und um die Sektion Volleyball der SG Bornim Anfang der 80-er Jahre, die seither der Vergangenheit angehört. So manch einer fand an anderer Stelle wieder Anschluss. Aber die sportlich noch nicht so gefestigten, die für sich so viele Hoffnungen auf die Gemeinschaft gesetzt hatten, die blieben auf der Strecke.

Für mich war zwar nun der Volleyball-Ausgleich auch passé, aber das Laufen blieb mir nach wie vor erhalten, weil es eben nur von mir allein abhing, ob ich mir die Laufschuhe anziehe, unabhängig davon, ob es ein anderer auch tut.

Und nur darin sollte der eingangs erwähnte Vorteil in diesem Vergleich zu sehen sein. Kein Plädoyer für das einsame Laufen, aber doch ein Wort dafür, dass das Laufen weniger Voraussetzungen erfordert, um es als Sport für sich zu erschließen.

Genügend eigenes Wollen ist aufzubringen!

Und wenn ich das so sage, verzichte ich bewusst darauf, ein „nur" davor zusetzen. Das ständig auf' s Neue „sich überwinden" mit einem schlichten „nur" abzutun, wäre ganz sicher eine unzulässige Reduzierung der notwendigen Anstrengungen, die schließlich nicht nur beim Laufen gefragt sind, um selbst vorgenommene Aktivitäten regelmäßig in die Tat umzusetzen. Mit zwei Trainingseinheiten 20 km oder auch einiges darüber zu bewältigen, sollte fortan als wöchentliche Norm meine läuferische Intensität bestimmen, an der ich mich jetzt zunehmend messen wollte.

Inzwischen setzte aber auch das durchschnittliche Tempo von fünf Minuten pro Kilometer die Maßstäbe auf Strecken jenseits der 10km-Marke. Und so sind in den Trainingsaufzeichnungen von 1979 nun regelmäßig für meine Vorzugsstrecke am Ruinenberg (10 km) Zeiten unter 50 Minuten notiert.

Um mir selbst mehr Abwechslung beim Laufen zu verschaffen, wählte ich eine zweite flache Strecke aus, die über 12 km führte und mit einigen Variationen auf beiden Strecken kamen gelegentlich auch Läufe über 15 und 20 km zustande. Aber damit zeichnete sich bereits eine beabsichtigte Teilnahme an weiteren Laufwettbewerben auf anspruchsvolleren Strecken ab. So der Burgenlauf in Belzig, der schon im Jahr zuvor mit seinen herrlichen Wegen über die Höhen und durch die Wälder des Flämings auf sich aufmerksam gemacht hatte.

Die Berichte darüber in den Zeitungen unterstützten meine Überlegungen, dass eine Strecke vom 25 Kilometern, die nun schon seit vielen Jahren, das 30. Jubiläum (meine 20. Teilnahme) liegt hinter uns, feststehend zwischen Belzig, Wiesenburg und wieder zurück zur Burg mit dem Butterturm gelaufen wird, durchaus für mich machbar sein müsste.

20. Zieleinlauf in Belzig
2008

Gedacht – getan!

Und fortan sprachen längere „Kanten" für eine unmittelbare Vorbereitung auf die Teilnahme am II. Burgenlauf vom Jahrgang 1979. Die 10 km in einem für mich und meine Verhältnisse flotten Tempo und guten Zeiten zu laufen, hatte ich zu diesem Zeitpunkt, soll heißen im zweiten Trainings- und 43. Lebensjahr, im Wesentlichen gepackt. Aber wenn es länger wurde, fehlten doch noch notwendige Anpassungen, um mit weniger Problemen durchzukommen.

Nun sind ja diese Vergleiche sehr durch das individuelle Leistungsvermögen bestimmt und beeinflusst und nur relativ zu sehen. Persönlich hatte ich jedenfalls das Gefühl, gut und schnell zu laufen, wenn es mir gelang, einen erhöhten Krafteinsatz über längere Zeit und mit einer bestimmten Leichtigkeit durchzuhalten. Festzustellen ist dabei, damals wie heute, dass man nach „persönlichen Rekorden" nicht so geschafft ist, als bei Läufen, bei denen es mit unvergleichbarer Quälerei nur zu mittelmäßigen oder schlechten Resultaten reichte.

Nun mag das Erfolgserlebnis eine Rollte spielen, aber hinsichtlich der körperlichen Verfassung nicht so viel bewirken, wie es mitunter dargestellt wird.

Das Gefühl für das lange Laufen, das sich mit den so und so vielen unter die Füße gekommenen Kilometern herausgebildet hatte, vermittelte eine bestimmte Sicherheit. Das Selbstbewusstsein festigte sich und der Mythos, der für den läuferisch nicht Tätigen die langen Strecken umhüllt, lichtete sich zusehends mit jeder gelaufenen Meile, die die eigenen Rekordmarken in höhere Entfernungsregionen verschoben.

Die Berichte über den Rennsteiglauf flößten noch Respekt ein und die Leistungen der dort Laufenden standen für mich und das weiterhin für geraume Zeit in Bereichen des Nichtvorstellbaren.

Aber 25 km waren jetzt ein reales Ziel, das es nun galt, erstmals in Belzig zu erreichen. Der 21. Oktober 1979 zeigte sich über dem Fläming als ein schöner, mit Sonnenschein durchsetzter Herbsttag. Meine beiden Söhne, 13 und 10 Jahre alt, und durch die Meilenbewegung mit dem längeren Laufen vertraut, begleiteten mich auf der Fahrt zur Burg in Belzig und hatten vor, sich in die Schar der 8km-Läufer einzureihen.

Telefonisch erkundigte ich mich vorher beim Veranstalter über die Streckenführung und ließ mir die werbewirksam aufgemachte Ausschreibung schicken. Das sind so kleine Dinge, die auch zur Vorbereitung gehören, um alles in die richtigen Bahnen zu lenken. Aber für das, was nach dem Startschuss zu bewältigen war, dafür mussten nun die Ergebnisse des Trainings sprechen. Und sie sprachen … Hier nur soviel: Nach 15

Kilometern wurde es schwer, nach 20 Kilometern noch schwerer. Auf dem letzten Straßenabschnitt liefen u. a. auch zwei schon rechte betagte Sportfreunde an mir vorbei, denen ich beim besten Willen nicht folgen konnte, weil ich meine Beine spürte, die lieber gehen wollten, als mit mühseligen Laufschritten dem Ziel etwas näher zu kommen. Ein durch kaum noch aufzubringende Anstrengungen hervorgerufenes Gefühl ließ mich in diesem Augenblick nicht als „Sieger über sich selbst" empfinden.

Statt der Startnummer 771 ein „A" wie Anfänger zu tragen, wäre vielleicht angemessener gewesen. Aber da es mir nicht allein so ging, war am letzten holprigen Anstieg zur Burg alles vergessen und ausschließlich die Bewältigung von 25 Kilometern zählte. Ein Erfolg für mich. Also doch: Sieger über sich selbst!

Mit 2:13:24,0 Stunden und als 279. unter 512 Teilnehmern endete der erste Start in Belzig, dem noch viele folgen sollten. Immer wieder mit dem Ziel, Jahr für Jahr den zwei Stunden näher zu kommen, im Kräftemessen mit den anderen im Feld eine gute Figur zu machen oder um die Scharte vom Vorjahr wieder auszuwetzen.

Erinnern wir uns. Interessieren sollte der Anfang und das Wie des Anfangs. Nun, ich denke, einiges davon ist schon deutlich geworden. Aber wann ist nun der Zeitpunkt gekommen, um das bereits erwähnte symbolische „A" mittels der erworbenen Fähigkeiten und gesamten Einstellung zum Laufen ablegen zu können?

Die längeren Strecken mahnten immer wieder und allzu oft, dass es wohl noch nicht soweit sei, obwohl das Jahr 1979 mit fast 1.000 gelaufenen Kilometern und einem Trainingslauf über 24 km in der freien Zeit zwischen Weihnachten und Neujahr abgeschlossen werden konnte.

Und gerade diese 24 km setzten mit einer Zeit von 2:00 Stunden noch ein gewisses Markenzeichen. Es war ein Lauf zu zweit, gemeinsam mit Mario Hänicke, einem Leistungssportler und Läufer vom damaligen ASK Vorwärts Potsdam, der mit seinen Eltern in der Wohnung unter uns sein zuhause hatte.

Die ersten Kilometer begleitete uns auch Vater Eberhard, der ebenfalls schon einige Jahre mit läuferischen Aktivitäten aufzuweisen hatte, aber dieser Tage durch Probleme am Knie belastet war und eine frühere Möglichkeit nutzte, um nach Bornstedt zurück zu laufen. Für Mario und mich ging es nach einer Schleife um Bornstedt am Parkt Sanssouci vorbei, weiter in Richtung Neu Fahrland. Nach der Nedlitzer Brücke hatten wir einen nachlaufenden Hund abzuschütteln, was Mario schließlich endgültig besorgte.

Auf eine Versorgungsstelle konnten wir nicht hoffen und so hieß es, die Kräfte einzuteilen und schön gleichmäßig weiter zu laufen. Für die heute übliche Trinkflasche am Mann fehlte damals noch jegliche Einsicht aber auch tragbare Vorrichtung. Fahrland war der nächste Ort, dann auf der B 273 weiter in Richtung Potsdam mit ordentlichem Gegenwind besonders auf der Brücke über den Sacrow-Paretzer-Kanal und schließlich durch Bornim bis zur Schule in Bornstedt.

Für Mario war es ein an mein Tempo angepasster Trainingslauf. Aber ich hatte schon die möglichen Reserven zu mobilisieren, um ohne Pause durchzuhalten. Es gelang und ließ das „A" wieder etwas blasser werden.

Anfang 1980 setzte unser Vorsitzender der Sportgemeinschaft alles daran, um mich zu einer Teilnahme am diesjährigen Rennsteiglauf zu überreden. Beim Kreisvorstand des Deutschen Turn- und Sportbundes wären noch Karten zur Meldung zu haben.

Es ehrte mich, dass er mir diese Leistung zutraute. Aber ich war nicht der Meinung, so weit zu sein, um einen solchen Lauf gut zu bewältigen.

Am 14. April 1980 standen beim Wildpark-Lauf in Potsdam 30 km als Test für Rennsteigläufer auf dem Programm. Wieder ein Schritt Richtung GutsMuths-Rennsteiglauf, aber doch noch ein Drittel plus die Steigungen des Thüringer Wanderweges davon entfernt.

Es war schon eine gewaltige Zielstellung, am Rennsteiglauf teilzunehmen und die innere Einstellung, dass es möglich sein könnte, musste man sich buchstäblich erlaufen.

Und das geschah neben einem kontinuierlichen Training durch weitere Wettkämpfe wie Stundenläufe, dem Neuruppiner Hubertus-Lauf und Läufe in Neuseddin bis schließlich der Entschluss reifte, 1981 mich auf dieses „Abenteuer" einzulassen. Und wer sich mit derartigen Gedanken trägt, für den sollte die Etappe des „Anfängers" endgültig beendet sein.

Wobei diese Klassifizierung ohnehin nur als Kennzeichnung des eigenen Entwicklungsstandes für sich selbst, des eigenen Anspruchs genannt sein sollte.

Mein erstes Rennsteigerlebnis

Schreib doch mal auf, wie es war. Zur Erinnerung!
Und ich schrieb. Aber mehr als nur ein paar Zeilen wie gedacht. Zeilen unmittelbar nach dem Laufereignis am 23. Mai 1981 zu Papier gebracht, die alles aufsogen, was mich damals bewegte. Die Ursprünglichkeit des Erlebnisses, die Auseinandersetzung mit sich selbst und natürlich stolz darauf, es geschafft zu haben. Solch laufnahes Empfinden von damals auf dem Weg zu einer bis dato nicht gekannten sportlichen Leistungsprobe hat etwas, verbietet nachträgliche Korrekturen oder auch Ergänzungen, die hier und da nach „30 mal dabei" (2010) benannt werden möchten. Deshalb hier original Dezember 1981:
Rennsteiglauf – ein Zauberwort im Munde der Ausdauerläufer, das alljährlich um die 8.000 Laufbesessene anzieht, zu enormen Vorbereitungen treibt und schließlich den Entschluss reifen lässt, sich selbst dieser Leistungsprobe zu unterziehen. Man kennt Sportfreunde, die das schon hinter sich gebracht haben und gelassen darüber sprechen. Nicht schlecht sind die eigenen Laufergebnisse im direkten Vergleich, sodass das Ganze eine

Start zum Rennsteiglauf in Neuhaus 1982

zu packende Sache sein müsste, die aber dann, wie es scheint, doch noch nicht sobald möglich sein sollte.

Man denkt, einige Läufe über 20 und 25 km hast du schon überstanden. Auch als Rennsteigläufer zu erkennende Läufer konntest du dabei hinter dir lassen. Und am Ziel die eigene Frage, oder im Nachhinein überlegt, wie es denn mit noch weiteren 20 Kilometern sein würde, beantwortet sich dann von selbst, besonders wenn man noch einmal an die letzten fünf Kilometer, den letzten Anstieg oder an die auf dem letzten Kilometer vorbeiziehenden Läufer denkt.

Es bleibt die Bewunderung für die, die das schon geschafft haben und die Schlussfolgerung, weiter zu trainieren und noch mehr Kilometer zu laufen.

Das war für mich der Stand von 1980, bevor ich im November endgültig den Entschluss fasste, mich um eine Meldekarte zu bemühen, die ich dann auch nach mehreren Nachfragen und etwas Glück für ein Entgelt von 20,00 Mark beim Kreisvorstand des DTSB erstehen konnte.

Alles richtete sich jetzt auf den 23. Mai 1981, dem Tag des Laufes, aus.

Ein Plan wurde aufgestellt, wonach ich bis dahin ab dem 1. Januar 560 km in den Beinen haben sollte. Dreimal pro Woche wurde gelaufen, davon mindestens zweimal im Monat über 20 km.

Die jahrelang nicht gekannte Grippe suchte mich für eine Woche heim und brachte einiges wieder durcheinander.

Der II. Wildparklauf am 12. April, auch als Test für Rennsteigläufer ausgeschrieben, brachte über 30 km mit 2:52 Stunden ein gutes Ergebnis.

Im Training versuchte ich immer, ein nach meiner Meinung für den bevorstehenden Rennsteiglauf angepasstes Tempo von 1:20 Stunden über 15 km gleichmäßig durchzuziehen. Später erst sollte sich herausstellen, wie sehr ich mich dabei irrte.

Am 10. Mai unterzog ich mich einer letzten Prüfung in einem Abschlusstraining über 30 km auf meinem Rundkurs von 1,3 km am Ruinenberg. Für die 23 Runden gab es einen genauen Zeitplan, die erreichten Ergebnisse pro Runde wurden notiert und am Ende eine Zeit von 2:44 Stunden verbucht.

Und noch etwas: Nachdem ich bei 20 Kilometern einen Schluck aus der an einem Baum hängenden Trinkflasche zu mir genommen hatte, war ich der aufrichtigen Meinung, mir diesen Schluck nun auch nach 30 Kilometern redlich verdient zu haben. Ich lechzte förmlich danach. Aber meine Flasche mit dem Rest Zitronentee war weg.

Der 23. Mai rückte nun mit Riesenschritten näher. Anfang Mai lagen auch die Startunterlagen auf dem Tisch: Startnummer 6706, Kontrollkarte, Startkarte und Informationen, wie man sich verhalten soll.

Die organisatorischen Fragen zur Fahrt wurden geklärt. In der letzten Woche noch einen leichten Lauf über 15 km und am Vorabend mussten die richtigen Sachen eingepackt werden.

Aber woher sollte man wissen, was nun exakt das Richtige sein würde? Also wurde allen Eventualitäten, die das Wetter bieten könnte, Rechnung getragen. Ich muss ehrlich gestehen, dass ich bei meinem Bemühen, alles für das bevorstehende Abenteuer annähernd optimal zu gestalten, recht nervös war, was natürlich so seine Auswirkungen hatte.

Die Nacht war kürzer, als ich mir das so dachte. Um 21.30 Uhr gongte es noch einmal an der Wohnungstür und meine Frau nahm die Versicherung entgegen, dass das Auto, an dem noch gebastelt werden musste, nun einsatzfähig sei. Eine letzte Absprache zur Abfahrtzeit erfolgte und nun endlich schlafen.

Ich bekam noch mit, dass es nachts nach tagelang schönem Wetter ausgiebig regnete.

2.30 Uhr klingelte der Wecker und verkündete, dass es nun soweit sei. Der Tag, dem so viele Vorbereitungen galten, war da.

Eine Kleinigkeit essen und trinken – das Ergebnis aller Überlegungen stand griffbereit. Die mitfahrenden „Betreuer" - meine Frau Gabi, Muttchen als Oma aus der Hausgemeinschaft und Kraftfahrerin Ingrid – waren zur Stelle. 3.10 Uhr schlugen die Türen des Autos Marke Moskwitsch zu, der Regen hatte gerade mal aufgehört, die Fahrt über gut 300 km nach Neuhaus am Rennweg ging los.

Ich wollte nun die Zeit bis zum Frühstück in circa drei Stunden dazu nutzen, den fehlenden Schlaf nachzuholen. Also ein Kissen unter den Kopf und Augen zu. Aber daraus wurde nur ein sogenanntes Abruhen. In Gedanken war ich schon voll beim Lauf: Ob die 539 km in der Vorbereitung wohl ausreichen würden? Eigentlich hatte ich in der letzten Zeit recht gute Läufe absolviert und Bestzeiten mehrmals verbessert. Die Beine sind in Ordnung und gesundheitlich liegt auch nichts vor. Was soll das bloß mit dem Regen werden, der nun wieder stärker eingesetzt hatte. Viereinhalb bis fünf Stunden müssten eigentlich möglich sein. Am Anfang nur nicht zu schnell angehen, immer schön gleichmäßig und locker bleiben und so weiter und so fort.

Ingrid macht auf eine an die Heckscheibe geklemmte Startnummer vor uns aufmerksam, was bald in immer dichteren Abständen erfolgt. Die Atmosphäre des Laufes begann uns bereits auf der Autobahn zu erreichen.

Gegen sechs Uhr wurde es Zeit für das Frühstück. Der Himmel war immer noch wolkenverhangen, leichter Regen, wir fuhren auf Saalfeld zu.

Die am Vorabend gebratenen Buletten waren wie immer gut, eine davon, zwei Brötchen, einen Apfel und reichlich Tee sollten das richtige Maß sein.

Hinter Saalfeld waren dann schon merkliche Steigungen zu überwinden. Die Fahrzeuge, heute fast ausschließlich PKW und Busse, schoben sich immer dichter zusammen und bildeten eine lange Schlange, die sich auf Neuhaus zubewegte. Wieder ein Gipfel erreicht, bot sich nun das optimistische Bild von einem dunstigen Tal und der darüber stehenden, in Nebel verhüllten Sonne.

Jetzt galt es, an die direkten Vorbereitungen für den Start zu denken. Eine günstige Stelle zum Anhalten mit einem Gebüsch musste noch gefunden werden. Das war nicht so einfach, denn gleiche Bedürfnisse der vielen gen Neuhaus ziehenden Läufer zeichneten sich allerorts deutlich ab.

Beine wurden eingeschmiert und das Muskelspiel der Waden und Oberschenkel geprüft. Man wollte bei der Ankunft am Startort startfertig sein.

Keiner vermochte einzuschätzen, wo kann das Fahrzeug abgestellt werden, wenn überhaupt. Wie würden die Organisatoren in dieser kleinen Stadt mit dem Ansturm fertig werden? Und es war bewundernswert, wie gut sie an allen Orten des Laufes damit zurechtkamen. Es gab keine Hektik, alle befolgten diszipliniert die Anweisungen der Helfer.

7.45 Uhr standen wir nun auf dem Marktplatz von Neuhaus am Rennweg in einer eben freigewordenen Parklücke – eine Stunde

und 15 Minuten vor dem Start. 8.30 Uhr sollten laut Information alle Läufer im Startgarten sein, der sicher in der Richtung zu finden ist, in die sich die Menge aus Läufern, Begleitern, Angehörigen und Schaulustigen hinbewegte.
Ein einwandfreies Laufwetter hatte inzwischen den Thüringer Wald erobert.
Nach reichlich 20 Minuten gemütlichen Fußwegs hatten wir den Ausgangspunkt des großen Ereignisses erreicht. Unterwegs stießen immer mehr auf die zum Startgarten sich bewegende Menge, der wie ein Magnet aus allen Richtungen die laufbegeisterten Scharen anzog.
Ein Sportfreund aus Potsdam, den ich von Laufveranstaltungen her kannte, grüßte mit den besten Wünschen herüber. Wir sollten im Ziel ein Wiedersehen haben und uns gegenseitig zur gebrachten sportlichen Leistung gratulieren.
Es wurde nochmals abgewogen, welche Laufbekleidung zu wählen sei. Das untergezogene Hemd wurde als zu viel erkannt, also – lange Hose und Jersey. Noch ein Foto und ich gab meine Startkarte ab, mischte mich unter die bunte Menge im Startgarten, für den in jedem Jahr eine stabil abgegrenzte riesige Wiese diente, auf der mehr als 10.000 Füße trampelnd Platz finden konnten.
Es war noch über eine halbe Stunde Zeit. Aber entsprechend meiner Zielstellung hatte ich mich in der ersten Hälfte der

Auf der Startwiese zum Rennsteiglauf, 1981

Läuferschar einzureihen. Ich kam circa 40 bis 50 m von der Startlinie entfernt zu stehen, die für die hinteren Läufer und für die irgendwo platzierten als Luftballontraube gekennzeichnet war und für alle sichtbar den Zeitpunkt des Starts durch ihr Aufsteigen zu erkennen geben sollte.

Der Platz füllte sich immer mehr, es wurde enger und nur die um Köpfe Größeren behielten die Übersicht. Ich befand mich nun mitten drin, ob weiter vorn oder hinten, rechts oder links, vermochte ich nicht mehr einzuschätzen.

Von der Sprechertribüne waren laufend Informationen zu hören. Prominente mit Titel wurden begrüßt. Mit 76 Jahren stellte man den ältesten Teilnehmer vor. Ein Dresdener ist am Vortag mit dem Fahrrad nach Neuhaus gekommen und stand jetzt (ohne Fahrrad) am Start.

Ringsherum - sich kennende Gruppen, Einzelkämpfer, zu zweit – wurde über die Strecke gesprochen: Wann man wo sein wollte, an welcher Verpflegungsstelle es Bier gibt, wo im vergangenen Jahr der „Hammer hing".

Einer, sicher vom Stehen schon etwas ermüdet und auch nicht mehr der Jüngste, ging in die Hocke und forderte seinen Nachbarn auf, das Gleiche zu tun, um sich das Getrampel der vielen Beine aus dieser Perspektive anzusehen.

Nun waren es nur noch Minuten bis neun Uhr. Eine kurze offizielle Begrüßungsansprache, ein Dreifaches „Sport frei" und Start!

Die Luftballontraube stieg hoch, begleitet vom Jubel aus 5234 Kehlen, als weithin hörbares Zeichen der sich nun lösenden Spannung, die die Menge erfasst hatte.

Mal schneller, mal langsamer ging es über die breite aber auch recht holprige Wiese. Jeder hatte damit zu tun, die Füße wieder auf den Boden zu bekommen, darauf bedacht, nicht auf den Schuhen des Nachbarn oder Vordermanns mitzulaufen. Dem Tatendrang wurde dann bald ein vorläufiges Ende gesetzt, als die breite Front der Läufer auf die Straße durch Neuhaus eingefädelt werden musste. Tierische Laute machten humorvoll den Unwillen der Vorwärtsdrängenden deutlich. Nach einigen Minuten war auch das geschafft und man konnte auf der Straße durch Neuhaus und dann weiter nach Limbach sein Tempo aufnehmen.

Eine herrliche Stimmung auf der Straße wie auch am Straßenrand. Die gesamte Bevölkerung nahm Anteil, die Kinder hatten offensichtlich schulfrei.
Man trabte sich langsam ein, beobachtete, wie die anderen die Sache angingen. Es lief gut, auf der Straße und bergab. Vorn der unübersehbare Lindwurm, hinter mir sicher nicht kürzer. Zwischen den Ersten und denen dort hinten mussten ja schon Kilometer liegen.
Plötzlich stolperte die Menge über einen auf der Straße quer gestellten Transporter B1000 und seitliche Absperrungen. Es war nicht sofort durchschaubar, was dieses Manöver bedeuten soll, zumal die Masse der Läufer dahinter auf der Straße weiter lief. Wie auf einer Woge trug es mich links an dieser Sperre vorbei und ich begriff erst später, dass ich mich nicht mehr auf der offiziellen Strecke befand, sondern auf dem bequemeren Weg, der am Ende einen Minutenvorteil bringen kann. Als fairer Sportler, der sich nichts schenken wollte, nutzte ich wie auch andere die nächste Gelegenheit, um rechts in den Wald auf den eigentlichen Wanderweg des Rennsteigs parallel zur Straße abzubiegen. Und hier ging es erst richtig los.
Ein vom Regen der vergangenen Nacht aufgeweichter, wurzelreicher Hohlweg, der bald recht abschüssig wurde, wo sich alles zusammen drängte und man nur noch im Schritttempo vorankam, versuchte meinen rechten Fuß in den Schlamm zu ziehen. Bei Kilometer sieben oder acht ging es weiter auf festeren Wegen, immer noch dicht gedrängt auf den Fersen des Vordermanns, gezwungen, dessen Beine im Auge zu behalten. Waden mit Muskelpaketen, die mir als ungerecht verteilte Bevorteilung erschienen, aber auch neben einem Großteil Normalmaß, Beine in eine schwarze Gymnastikhose gehüllt, so dünn, dass sich ernsthafte Bedenken aufdrängten.
Bergauf, bergab ... jetzt der ersten Verpflegungsstelle entgegen: Limbach circa neun Kilometer nach dem Start. Einige Läufer legten schon erste Gehpausen ein, was wiederum mein Selbstvertrauen stärkte, da ich noch keinerlei Müdigkeit in den Beinen spürte. An der Verpflegungsstelle angekommen, vertraute ich auf meine Erfahrungen (von damals) aus den vielen Trainingsläufen, bis 20 km ohne Pause und Stärkung durchlaufen zu können und überholte 100 oder mehr Läufer,

die dem Angebot von Haferschleim, Getränken, Obst usw. eilig zusprachen.

Eine leichte Steigung tat sich auf, die immer stärker den Lauffluss bremste, steiler wurde und ein deutliches Durchdrücken der Knie verlangte. Nun kam die Zeit, sich an die Überlegungen zur Kräfteeinteilung zu erinnern und zum Schritttempo überzugehen. Die Masse der Läufer tat ein Gleiches. Ich fühlte mich noch so gut, um bei geringer werdender Steigung wieder den Laufschritt aufzunehmen. Einzelne Läufer zogen mit, bis sich auf dem Gipfel alles in Bewegung setzte und bergab bei lockerem Lauf die Kräfte sammelten. Diese Wechsel sollten nun ständiger Wegbegleiter sein und die notwendigen Anstrengungen vervielfachen.

Es wurde merklich ruhiger. Jeder hatte mit sich zu tun, um sein eigenes Vorhaben zu verwirklichen. Dennoch riss das Feld nicht auseinander. Ich überholte Läufer, wurde selbst überholt, immer bemüht, das richtige „Hinterrad" für das eigene Tempo zu erwischen. Geher mussten auf dem unwegsameren Teil der Strecke umlaufen werden.

Das alles zehrte an den Kräften, ließ den Schweiß rinnen und die Frage nach der nächsten Verpflegungsstelle wachwerden. Ein erster Hinweis dazu am Wegesrand, noch ein langgezogener Berg und das emsige Treiben an den Buffets in Masserberg war nach knapp 20 Kilometern erreicht.

Wasserversorgung auf der Strecke

Zuerst einen Becher Haferschleim – schmeckt nach nichts, rutscht aber leicht runter – und einen Teelöffel voll Salz, der mit einem Becher Tee für bestimmte Gleichgewichte sorgen soll. Alles eine Sache von reichlich einer Minute, die nächste Verpflegungsstelle wird mit neun Kilometern in Neustadt angegeben und ein Blick auf die Uhr stimmte mich optimistisch. Noch eine knappe Stunde bis zwölf Uhr, also drei Stunden für 30 km müssten zu schaffen sein. Gedanken, natürlich unbesehen der Schwierigkeiten, die jetzt kommen sollten. Ein kilometerlanger Berg, diesmal hinunter, stauchte bei jedem Schritt die Beine zusammen, die nicht Tempo machten, sondern jetzt als Bremse fungierten. Immer wieder geschotterte Wege – ansteigend, dann ein steiler Abhang fern von jedem Weg fast senkrecht quer durch den Wald. Später in einer gefahrenen Spur über eine endlos ansteigende Wiese. Zuschauer winkten zu, sparten nicht mit anerkennendem Beifall und trugen so die Läufer von Kilometer zu Kilometer.

Anwohner hielten Schüsseln, Wannen, Wassereimer und fließende Schläuche bereit, die jeden anzogen, um den im Gesicht trockenen Schweiß abzuwaschen und um für einen Augenblick eine Belebung der Kräfte zu verspüren.

Neustadt wollte und wollte nicht näher rücken. Die Anstrengungen wurden immer deutlicher spürbar. Endlich waren die ersten Häuser in Sicht, auf der Straße einen Anstieg hoch, nochmals rechts ab auf Feldwegen entlang, um dann schließlich auf den Sportplatz in Neustadt einzubiegen. Kontrollkarte lochen, wieder Salztabletten, reichlich Tee und ein halbes Brötchen, einige Hände voll Wasser ins Gesicht, aber die Beine waren schwer.

Die Spuren der bisherigen Strecke zeichneten sich allgemein deutlich ab. Alle ließen sich mehr Zeit um zu verschnaufen, die Schuhe nochmals neu zu schnüren für das letzte Drittel.

Bei 30 Kilometern war sonst das Ziel meiner längsten Läufe in unserem flachen Land. Jetzt lagen noch – oder konnte ich schon denken – nur noch 15 km vor mir, sicher nicht mit wenigen Bergen.

Die ersten 50 oder 100 Meter im Schritt, dann sich zwingend, den Lauf wieder aufzunehmen, wurden die Bewegungen schwer und schwerer. Von leicht und locker konnte nun nicht mehr die Rede sein. Wenn gehen, dann wenigstens flott gehen, bis zu dem Baumstamm, der dort am Wege liegt, jetzt aber wieder laufen, laufen, laufen.

Am Ausgang von Neustadt bot sich von einer Anhöhe das imposante Bild der im großen Bogen am Waldrand gleichmäßig ziehenden endlosen Läuferschlange, um dann wieder im Wald zu verschwinden. Der Blick über Tal, Wald und Berge verdrängte für einen Augenblick das, was laufen hieß und

erinnerte, dass genießen auch dazu gehört.

Der zwangsläufige Rhythmus: Bergauf gehen, auf den wenigen ebenen Strecken und bergab laufen, konnte kaum noch durchbrochen werden.

Als „Kundendienst" zählte ein auf seine Art ausdauernder Sportfreund nach Fünfer- oder Zehnergruppen die vorbeikommenden Läufer und ich erfuhr, dass etwa 3.100 vor mir waren. Also mussten aber auch 2.000 noch hinter mir laufen. Das mobilisierte wieder einige Reserven. Später wusste es einer ganz genau und zeigte bei 2.942 auf mich.

Es ging leicht bergab. Ein Läufer vor mir, wohl noch keine 20 Jahre alt, schwankte auf dem schmalen Weg von einer Seite zu anderen. Kann man helfen? Aber wie?

Im Vorbeilaufen rief ich ihm zu, dass er gehen und tief durchatmen solle. Er zeigte aber keine Reaktion und taumelte weiter. Wenig später kam von hinten der Ruf nach dem Sanka, der glücklicherweise im Tal stand, das ich inzwischen erreicht hatte.

Ein Erlebnis, das mit nachklingendem Bedauern aber das Einzige dieser Art bleiben sollte, was durchaus für die Qualität der Vorbereitung der hier angetretenen Läufer spricht.

Hinweise auf die letzte Verpflegungsstelle tauchten jetzt öfter und in kürzeren Abständen auf. Unentwegte Zuschauer riefen zu, wie weit es bis Frauenwald noch sei.

Die 40 km waren nun gleich geschafft und es müsste doch mit dem Teufel zugehen, wenn die letzte Etappe nicht auch noch im Laufschritt zu nehmen wäre.

Die Verpflegungsstelle Frauenwald kündigte sich schon von weitem durch einen stimmungsvollen Trubel an, der nochmals die letzten Reserven herauslocken sollte. Zuerst aber Kontrollkarte aus dem eigens dafür vorgesehenen Brustbeutel, ablochen im vorgegebenen Feld und wieder gut wegstecken. Wasser für die äußere Erfrischung, mehr als einen Becker Tee und eine Banane, die mir bereits abgeschält von einer der vielen Helferinnen mit einigen aufmunternden Worten gereicht wurde. Alles begleitet von der nicht ermüdenden Aufforderung des Sprechers zur letzten Stärkung für das nochmalige „Durchdrücken der Kolben" auf den garantiert nur noch fünf Kilometern bis zum Ziel.

Die aufmunternde Stimme noch einige hundert Meter im Ohr, bot die Streckenführung den neben der Straße verlaufenden schönen glatten, fast promenadenartigen Fußweg. Erleichtert konstatierte ich, das würde ja nun wohl der Weg direkt nach Schmiedefeld sein.

Vielleicht war er es. Die Spaziergänger werden es wissen. Für uns, die Läufer, hieß es jedenfalls links ab, holpriger Weg und wieder bergauf. Aber was soll' s, keine fünf Kilometer mehr.

In Frauenwald zeigte die Uhr 20 Minuten vor 14 Uhr. Leichtsinniger Weise hatte ich meinem „Begleitpersonal" verkündet, wenn ich bis 14 Uhr nicht in Schmiedefeld angekommen bin, dass sie dann abfahren könnten. Viereinhalb bis fünf Stunden, das war klar, können nun nicht mehr erreicht werden. Heute sage ich, wenn ich die Strecke gekannt hätte, wären mir sechs Stunden auch nicht zu lange gewesen.

Auch auf dem letzten Abschnitt wurde den Läufern nichts geschenkt. Die Anteilnahme aller nicht aktiv Beteiligter war nach wie vor groß. Auf einem Felsbrocken saßen zwei Jungs und riefen ununterbrochen wie von einem Tonband den Läufern zu, dass es nur noch zwei Kilometer bis zum Ziel seien. Das war durchaus glaubhaft, denn die Kulisse der Zielankunft war dann auch bald deutlich vernehmbar.

Die zu Ende gehenden geschotterten Wege mündeten nun auf eine glatte Straße, die recht abschüssig nach Schmiedefeld hineinführte. Zwischen den vielen mit Beifall nicht geizenden Menschen ließ ich mich in einem nicht den geringsten Stolperer erlaubenden Tempo diese Straße hinunter treiben, selbst erstaunt, was die Beine jetzt noch hergaben. Der Gedanke „gleich am Ziel" wurde förmlich zum alles beherrschenden Motor für die letzten Schritte und ließ wenig Platz, um das vom Lauf geprägte viel gestaltete Treiben auf dem Pflaster durch Schmiedefeld zu erfassen.

Gleich am Ziel! Aber das ist, wie es scheint, dort oben auf dem Berg. Noch einmal alle Kräfte zusammen nehmen, keine Unterbrechung mehr zulassen, um den letzten Anstieg zu bezwingen. Nur der Zielgedanke konnte noch bewirken, dass die Knie Schritt für Schritt durchgedrückt wurden, um auch Zentimeter für Zentimeter an Höhe zu gewinnen. Dieser Berg schien zum Schluss noch der längste von allen zu werden. Daran änderten auch nicht die anerkennenden und

Jahrzehnte später – wieder geschafft

aufmunternden Zurufe verbunden mit den „noch … hundert Meter bis zum Ziel!"

Doch dann war es endlich soweit. Der dicht umlagerte Zieleinlauf auf dem Sportplatz in Schmiedefeld war erreicht. Jeder der hier die letzten Meter in der halben Platzrunde zurücklegt, fühlt sich mit beschleunigten Schritten als Sieger und wird auch so empfangen. Nur die Zielrichter, die die endgültige Gewissheit gaben, am Ziel angekommen zu sein, verbreiteten eine sachliche Emsigkeit, verlangten die Kontrollkarte, um sie dann gleich in die Elektronik zu füttern. Es war geschafft, ohne schon richtig begreifen zu können, was! Der dann auf dem Trikot – oder wo man auch wollte – gedrückte Stempel, bringt das auf die kurze Formel: „Läufer hat teilgenommen und das Ziel erreicht!"

Natürliche Erfrischung

Ende des Laufes hieß aber auch: Pause, trinken, viel trinken und nach der Pause nicht mehr loslaufen zu müssen. Dennoch eilen die Gedanken auch in diesen Augenblicken schon voraus.

Als mich meine Frau einige Meter hinter der Ziellinie erleichtert und prüfenden Blickes, wie ich wohl die Sache überstanden hätte, um 14 Uhr und zehn Minuten in Empfang nahm, versicherte ich als erstes, im nächsten Jahr wieder dabei zu sein. Die verabreichte Gulaschsuppe sagte mir nicht sonderlich zu. Das Fahrzeug war in einiger Entfernung an der Ausfahrtstraße nach Ilmenau abgestellt und der kürzeste Weg würde über diese Treppe hinunter führen. Ich zog es aber vor, den etwas längeren, sanft abfallenden Weg auf der Straße zu nehmen, die ich kurz vorher hinauf gelaufen war.

Den Grund dafür konnten nur meine Beine begreifbar machen und das ließen sie eben nur mich und keinen anderen spüren. Zwölf Stunden nach dem Start in Potsdam konnte nun wieder die Heimreise angetreten werden. Zunächst aber wenigstens die

Schuhe aus. Möglichkeiten zur Erfrischung mussten dann etwas später unterwegs gefunden werden. Das eiskalte Flüsschen Schorte bei Manebach ließ die Lebensgeister erwachen, regte bald den Appetit an und so ging es dem flachen heimatlichen Land entgegen.

Die folgende Nacht war etwas unruhig und am nächsten Tag glaubte ich, mit einem kleinen Lockerungslauf den nun auftauchenden Problemen begegnen zu können. Der Lockerungslauf war alles andere als locker, mehr ein krampfhaftes Bemühen überhaupt einige Laufschritte zu Stande zu bringen. Aber das sollte erst der Vorgeschmack für das an den folgenden Tagen sein.

Bevor ich eine Treppe abwärts in Angriff nahm, schaute ich prüfend in die Runde, ob auch niemand in der Nähe ist. Denn in diesem Fall musste mehr mit den Armen gearbeitet werden, als den Beinen zugemutet werden konnte. Selbst auf ebenen Wegen war Vorsicht geboten. Das sonst so selbstverständliche Gehen wurde zum Problem. Ich musste darauf bedacht sein, die Knie ganz bewusst durchzudrücken und zu fixieren, andernfalls war ein ungewolltes Einknicken nicht zu vermeiden. Mit diesen Erscheinungen, die mit einem noch nie erlebten Muskelkater einhergingen, hatte ich mich einige Tage herumzuplagen, bis ich endlich nach einer Woche einen leichten Lauf wagen konnte.

Monate vergingen bis dann schließlich im September die schon lange sehnsüchtig erwartete Ergebnisliste ins Haus kam.

Als 2861-ster konnte ich mich in der zweiten Hälfte des Mittelfeldes platzieren und als 1087-ster der Altersklasse II mit einer offiziellen Zeit von 5:16:24 Stunden 600 Altersgenossen hinter mir lassen. Mehr war beim Debüt nicht drin, nicht zu erwarten, musste aber auch erst mal geschafft werden.

1982 auf ein Neues. Die Meldekarte dazu ist bereits vorhanden.

Marathon

Wer auf seinen ersten erfolgreich absolvierten Rennsteiglauf zurückblicken kann, für den sollten 42,195 km auf der Straße ein nicht höher gestecktes Ziel sein. 45 km Berg rauf, Berg runter, über Stock und Stein, mehr unwegsam als läuferfreundlich und Marathon?

Drei Kilometer weniger, auf glatter Straße, mehr nicht, denkt sich der stolze Rennsteigläufer in fast geringschätziger Überheblichkeit.
Mit fünf Minuten pro Kilometer wurden überschlägliche Endzeiten ermittelt. Na ja, zum Schluss vielleicht oder ganz bestimmt etwas langsamer. Bei dreieinhalb Stunden müsste man ..., bei vier Stunden lediglich so und so laufen. Zahlenspielerei. Graue Theorie! Ein Marathon verlangt seine eigene Art, um im verfügbaren Leistungsbereich erfolgreich bewältigt zu werden. Man hat darüber gelesen, wie die Kräfte einzuteilen sind. Aber was das wirklich heißt, erlebt der Marathonläufer ob so oder so dann doch erst auf dem Asphalt, auf den vier mal zehn Kilometern und noch zwei drauf. Oder acht mal fünf Kilometer, wie sie bei meinem angestrebten Debüt gelaufen werden sollten. Die Ausschreibung eines Berliner Sportvereins mit einem solchen Rundkurs-Marathon hatte mein Interesse geweckt. Runden zu laufen, war mir von meiner Trainingsstrecke am Ruinenberg vertraut. Runde für Runde Zeiten kontrollieren, um am Ende ... Aber das hatten wir schon.
Mit der abgegebenen Meldung hatte ich mich in die selbst auferlegte Pflicht genommen, um 1982 (45-jährig) meinen ersten Marathon zu bestreiten. Ernsthaft vorgenommen, aber berufliche Verpflichtungen an dem betreffenden Wochenende verlangten dann doch noch einen Aufschub.
Also einen neuen Termin suchen und da kam der 1982 ins Leben gerufene Berliner Friedenslauf am 29. August u.a. mit einem Marathon gerade zur rechten Zeit.
Viel öffentliche Aufmerksamkeit sorgte dafür, dass dieser Lauf nicht nur in Läuferkreisen im Gespräch war. Zu hören war aber auch, nicht offiziell, dass mit einem Stadtmarathon in Berlin dem Rennsteiglauf der Rang abgelaufen werden sollte.
Funktionäre waren es wohl, die nicht akzeptieren konnten, dass nun schon seit Jahren ohne Beschluss von oben im Thüringer Land eine aus Läuferinitiative gewachsene großartige Laufveranstaltung Jahr für Jahr stattfindet und zum Mekka der Laufbewegten in der DDR avancierte.
Mag so gewesen sein oder auch nicht, meine Entscheidung für diesen Lauf konnte das jedenfalls nicht beeinflussen.
Heute bestimmen Sponsoren die werbewirksame Namensgebung von großen Laufveranstaltungen. Damals

diente ein solcher Lauf mit seinem Motto dem weltumspannenden Wunsch nach Frieden und da war man in der DDR natürlich dabei.

Ausgeschrieben waren zwei Strecken: 20 km und Marathon mit gemeinsamen Start am heute nicht mehr vorhandenen Lenin-Denkmal.

Um die 1.000 Läuferinnen und Läufer hatten sich an jenem sonnigen Sonntag eingefunden und sahen erwartungsvoll dem Start entgegen. Man unterhielt sich wie üblich zu den angestrebten Zeiten, wie man sich vorbereitet hatte und manch einer sah sich veranlasst, wenigstens vorbeugend, auf seine schlechte Form hinzuweisen.

Anders ein schon recht betagter Sportfreund neben mir. Er verglich dieses Stimmengewirr mit einem Bienenschwarm. Sein gebrochenes Deutsch machte mich neugierig und ich erfuhr, dass er aus Prag angereist sei. In der Ergebnisliste war dann auch der Name Strupp, Jaroslav, Lok Prag zu finden, Altersklasse VI, also über 60-jährig, mit einer Zeit von 3:34:03 Stunden im Ziel.

Der unvermeidbare und sich hinziehende offizielle Teil vor dem Start ließ nochmals Zeit, die eigene Vorbereitung in Erinnerung zu rufen.

Beim 82-er Rennsteiglauf, der nun schon der zweite für mich war, hatte ich die 45 km in fünf Stunden und 10 Minuten bewältigt. Danach war ich wettkampfmäßig am 19.06.1982 beim Städtelauf Jena – Gera über 23 km in 1:56:55 Stunden und am 18.07.1982 in einem Stundenlauf mit 12,830 km unterwegs. Der Trainingsumfang beschränkte sich mit zwei Läufen pro Woche auf circa 20 km. Erst im August, vier Wochen vor dem Marathon, wurde mit einem dritten Lauf das Pensum erhöht und umfasste neben den meist 10 Kilometern auch dreimal 20km-Läufe. Ein recht bescheidenes Vorbereitungsprogramm im Vergleich zu dem, was hier am Start so zu vernehmen war. Dennoch blieb ich zuversichtlich, im Kampf mit dieser neuen Herausforderung bestehen zu können.

Nun waren der Worte genug gewechselt und es ging los. Radrennfahrer, darunter auch einige Prominente, führten das Feld zunächst an. Eine Runde um den Friedrichshain und dann auf der Leninallee, heute Landsberger Allee, in Richtung Marzahn.

Zusammen mit den 20km-Läufern, die dann bald ihren Wendepunkt erreicht hatten, ließ ich mich zu einem Tempo um die fünf Minuten pro Kilometer hinreißen. Im Vergleich zu meinen sonstigen Ergebnissen schien mir das durchaus angepasst, zumindest für die erste Hälfte. Zwei Stundenläufe im April und Mai gingen mit jeweils 13,070 km zu Ende. Meine 10km-Runden lief ich meist unter 50 Minuten und 5 km auf der Bahn stehen gar mit 22:50 Minuten in den Trainingsaufzeichnungen.

Der größere Teil der Läuferschar hatte beim Wendepunkt (WP 20) für ihre 20 km schon mehr als 10 km hinter sich und lief zurück zum Ziel.

Nun waren die Marathonläufer in einem sehr gelichteten Feld unter sich. Einzeln, hier und da in Gruppen. Alle 5 km ein Versorgungspunkt, noch gut bei Kräften dem Wendepunkt entgegen, der nach einer kurvenreichen Streckenführung durch das alte Marzahn auf dem dortigen Sportplatz erreicht war.

Mit viel Aufmerksamkeit wurden die Marathonläufer empfangen, um nach der Platzrunde mit Beifall aufgetankt wieder auf die zweite Hälfte geschickt zu werden. Dieser Zuspruch wirkte hilfreich, zumal das Tempo schon Anstrengung erforderte.

Es ging dennoch zügig weiter, Versorgungspunkt Kilometer 25, jetzt weit auseinandergezogen, Gruppen kaum noch, meist einzeln oder zu zweit. Das „He, ich laufe Marathon!", in sich hineingerufen, macht im Kampf mit sich selbst mobil.

So zog ich einsam meine Bahn, an Gerd Last von der Sportgemeinschaft Einheit Rathenow vorbei, der am Straßenrand damit beschäftigt war, Schuh und Socke wieder in die richtige Position zu bringen. „Hallo, endlich kann ich dich überholen", kommentierte ich sein kleines Missgeschick. Wir kannten uns von den Laufveranstaltungen und wussten von unserem annähernd gleichen Leistungsvermögen.

Am Versorgungspunkt 5 bei Kilometer 30 hatte er mich wieder erreicht und nach kurzer Verständigung darüber, wie es mit den noch vorhandenen Kräften bestellt sei, waren wir uns einig, die letzten 12 km auf der endlosen Allee immer geradeaus bis zum Ziel gemeinsam zu laufen.

Die Beine wurden schwer und schwerer, von Verfolgern keine Spur und vorn auch kaum einer, der sich überholen ließ.

Die Zeit der Gehpausen begann, nur kurz und weiter, um Schritt für Schritt dem Ziel näher zu kommen. Die Betreuer an den Verpflegungspunkten ließen uns ihre ganz persönliche Fürsorge zuteilwerden und ermunterten uns, die da vorn Laufenden doch noch einzuholen. Es ist gleich geschafft, wusste fast jeder hier am Straßenrand. Aber die letzten Kilometer sind lange Kilometer und schließlich ist das Ziel in Sicht.
Für einen Spurt hätte es schon gereicht, aber wir wollten unsere gemeinsamen Anstrengungen bei unserem ersten Marathon mit einem gemeinsamen Zieleinlauf beenden.
Beschleunigte Schritte, die gefassten Hände hochgestreckt und Ziel.
Und so sind wir in der Ergebnisliste der Altersklasse IV auf den Plätzen 64 und 65 mit einer Zeit von 3:50:01 Stunden zu finden. Unser erster Marathon, ein Erlebnis, an das wir uns stets mit Freude und Stolz erinnern, wenn wir gelegentlich bei Laufveranstaltungen zusammentreffen. 4:00 Stunden sind für Freizeitläufer ein erstrebenswertes Ziel. Als Einstieg stehen nun 3:50:01 Stunden zu Buche. Beim 30. real-Berlin-Marathon passierten in diesem Bereich die meisten Läuferinnen und Läufer die Ziellinie. Manch Prominenter ist ebenfalls dort platziert. Alles in allem doch gar nicht so schlecht und höher zu bewerten als damals empfunden.
Denn 240-igster von 306 im Ziel war ein Platz im letzten Viertel, dem nur noch 66 folgten.
Diese Zahlen lässt man als Läufer natürlich nicht unbeachtet. Aber was wirklich zählt, ist die Teilnahme und die Tatsache, sich den Marathon vorgenommen und so beendet zu haben, dass weitere folgen konnten.
Der Stolz wuchs an den folgenden Tagen so, wie die Nachwirkungen verschwanden und dem Gedanken für ein nächstes Mal Raum gaben.

Impressionen vom Berliner Friedenslauf 1985

Seit 1982 Berliner Friedenslauf – das sind inzwischen viermal Friedensbekundungen auf der Marathonstrecke. Werbung für den olympischen Gedanken – und das 1985 unter dem besonderen Zeichen der Anfang Juni in Berlin (Ost) durchgeführten 90. IOC-Session.

Nun kommt es nicht selten vor, wenn man sich als volkssportlicher Läufer zu erkennen gibt und von der Teilnahme an großen Läufen in unserem Lande spricht, dann gefragt wird, wie es denn sei mit dem „Kampf mit sich selbst"? Woran denkt man? Was geht im Kopf eines Läufers vor, wenn die Beine nicht mehr so wollen wie sie sollen? Wie gelingt es, die Strapazen eines Marathons zu verkraften?
Für Antworten auf diese Fragen schien mir der vierte Berliner Lauf genügend Stoff zu bieten, um aus dem Erleben als Teilnehmer zu berichten.
Mein jährlicher Marathon, sonst immer Ende August oder Anfang September, bereits am 6. Juni bedeutete nun zwei „große Kanten", den Rennsteiglauf und den Marathon in Berlin, innerhalb von knapp drei Wochen durchzustehen.
Beide Läufe sind in jedem Jahr meine Höhepunkte auf der langen Strecke, denen eine gezielte Vorbereitung gilt, mit deren Ergebnissen man sich selbst die Frage nach den Grenzen der physischen Leistungsfähigkeit beantwortet und deshalb möglichst nicht ausgelassen werden.
Aber nun zum Berliner Friedensmarathon 1985.
Als ich am 18. Mai abends vom Rennsteiglauf zurückkam, lagen die Startunterlagen für den Marathon im Briefkasten:

* Startnummer 642
* Kontrollkarte
* Startkarte und die
* Hinweise für die Teilnehmer.

Also, ohne Umschweife auf zum Nächsten.
Erholung vom Rennsteiglauf und Vorbereiten auf den Marathon fielen so mehr oder weniger zusammen. Deshalb konnten auch nur Trainingsläufe von einmal über 20 km auf der Straße und zweimal 15 km sowie einige 10- und 5km-Läufe in den dazwischen liegenden 18 Tagen absolviert werden.
Das Einstellen auf das gleichmäßige Durchziehen kam dadurch auch ein wenig zu kurz. Aber konditionell war ich in guter Verfassung, was mich für das bevorstehende Vorhaben zuversichtlich stimmte.
Durch die Pressemeldungen, die in den Tagen vor dem Start täglich zu verfolgen waren, wurden die Erwartungen enorm

hochgeschraubt und trugen dazu bei, die eigene Einstellung mit einer gewissen inneren Spannung aufzubauen. So vergingen recht schnell – und das sei doch noch angemerkt, bei reger Anteilnahme von Freunden und Kollegen – diese wenigen Tage. Und dann war es soweit. Am Tag des Laufes, einem Donnerstag, gegen 16.30 Uhr an Start und Ziel in der Berliner Karl-Marx-Allee angekommen, waren zunächst die Umkleidemöglichkeiten in umliegenden Schulen zu suchen und zu finden. Für den Ortskundigen sollte es klar sein, wo diese zu finden wären. Aber nach einigen Problemen klärte es sich auch für mich. Nicht so weit wie ich schon gesucht hatte, sondern ganz in der Nähe von Start und Ziel in der Berolinastraße in der dortigen Polytechnischen Oberschule.

Eine Stunde noch bis zum Start um 18.00 Uhr. Geruhsames aber zielstrebiges Treiben kennzeichnete die von Einreibungen geschwängerte Atmosphäre in der Turnhalle, in deren Wänden noch die Hitze der Vortage steckte. Jeder frönte seinem Ritual der Stunde vor dem Lauf und so ordnete auch ich mich in den Trott der vorbereitenden Tätigkeiten ein: Ein halbes Brötchen essen und Tee mit Regusal zur vermeintlich notwendigen Mineralstoffvorsorge trinken, etwas Schokolade. Laufzeug auspacken, ausziehen, Beine mit Elakur für die bessere Durchblutung einreiben und bedächtig massieren. Langes Ausstreichen der Waden, gleich einer beschwörenden Mobilisierung von Kräften, die aus den vielen Trainingskilometern nun auch gefälligst da sein mögen. Laufdress anziehen, Kontrollkarte verstauen und Taschentuch nicht vergessen. Noch einmal die Toilette aufsuchen und vor allem Hände waschen, um sich nicht später Reste der Einreibung in die Augen zu wischen – fertig.

Draußen – die frische Luft war gegenüber der in der Turnhalle eine Wohltat – schob sich das bunte Gewimmel in Richtung Start. Jeden an seinen Start für die Strecke, die er sich entsprechend dem vielfältigen Angebot von der Meile bis zum Marathon vorgenommen hatte.

Einige Bekannte grüßten: „Was, heute wieder Marathon? Na dann, viel Erfolg!". Und dann kam einer der Potsdamer Laufveteranen, Siegfried Grochowski und wir unterhielten uns über seine letzten Meter auf den 70 Kilometern am Rennsteig,

als ich ihn in Schmiedefeld, die Schwere von letzten Metern nachfühlend, noch einmal kräftig anfeuerte.
„Wo stehen die Behälter für die Startkarten?" „Dort, wo die Läufertraube herumhängt", war die Auskunft von Sportfreunden, die sie schon entdeckt hatten. Und nun, mitten unter den Zigtausenden, Zeitungen schrieben von mehr als 50.000, am Startplatz, 17.35 Uhr. Vor mir ein mächtiges Hallo von den „Kyritzer Knatterfröschen". Vier Vertreter der dortigen Laufgruppe von meiner ehemaligen Sportgemeinschaft aus Jugendzeiten, freuten sich, mich als Marathonläufer begrüßen zu können und brachten das lautstark zum Ausdruck. Dann stand plötzlich Ottokar Rölling von Empor Potsdam mit der Startnummer 1001 vor mir. Über einige Meter zwischen den vielen Läufern hindurch kreuzte sich der Blick mit einem weiteren Potsdamer Läufer. Ein Handzeichen zum Gruß und viel Erfolg.
Das Gedränge der Läufer wurde immer stärker. Die Fernsehkameras schwenkten über das Meer von Köpfen in der Karl-Marx-Allee.
Eine offizielle Rede – zu verstehen war nichts, aber begeisterter Jubel – und dann: „Der Start gilt!" - oder so ähnlich.
Alles wollte sich nun in Bewegung setzen. Aber ehe sich dieser Tatendrang in Laufen umsetzen konnte, dauerte es noch Sekunden, halbe oder ganze Minuten, je nachdem wo man nun in diesem unübersehbaren Starterfeld eingeordnet war.
Schließlich vorbei an der Ehrentribüne mit dem IOC und der stark vertretenen Sport- und Politprominenz.
Eine schwüle Wärme hatte sich zwischen den Häuserfronten ausgebreitet. Die Straße war in guter Absicht mit Wasser benetzt worden, sodass die

Am Start zum Berliner Friedenslauf mit Sohn Detlev, 1984

Luftfeuchtigkeit noch mehr zunahm und nicht die erhoffte Erfrischung brachte.
Die Massen schoben sich langsam vorwärts, an den vielen Zuschauern vorbei, die aber doch gegenüber den Läufern in der Unterzahl waren. Die ganze Breite der Karl-Marx-Allee wurde eingenommen und es lockerte sich jetzt soweit auf, dass man einigermaßen ungehindert laufen konnte. Aber nicht lange. Nach dem Abbiegen von der Karl-Marx-Allee stellte sich den vorwärtsdrängenden Läufern ein Nadelöhr in Form einer Baustellen bedingten Straßeneinengung von nur wenigen Metern Breite entgegen, das zunächst alles zum Stehen brachte. Alles Schieben und Drängen half nichts. Die Sekunden musste man nutzlos verstreichen lassen, um diese Stelle passieren zu können. Danach taten sich größere Zwischenräume auf und jeder konnte in Richtung Leninallee seinem Tatendrang freien Lauf lassen. Am Lenin-Denkmal vorbei, wieder Ehrentribüne und Karl-Marx-Allee, die ganze Straßenbreite unter den Füßen der Friedensläufer von Berlin: Volksbühne - Rosa-Luxemburg-Platz.
Und jetzt eine schmale Fußgängerbrücke, die ein absolutes „Stopp" gebot, bevor man sich inmitten der vielen Mitstreiter langsam übers Wasser schieben lassen konnte. Die es eiliger hatten, nutzten links das breite Brückengeländer oder rechts die circa einen Meter breite Abdeckung aus Profilblechen.
Hier kamen mir erste Gedanken zu meinem Zeitplan, der nun schon, bevor 10 km bewältigt waren, zu wanken schien. Am Zeughaus angekommen, bewegte sich die auf vielen tausend Beinen getragene Läuferschlange „Unter den Linden" bis zum nicht nur den Potsdamern bestens bekannten „Alten Fritz".
Ihm zu Füßen war dann auch für das laufende Volk zur Stärkung das Buffet aufgebaut.
Die Demse forderte Flüssigkeit und ich griff zum Tee, um die jetzt schon aufgetretenen Verluste auszugleichen. Ein merkwürdiges Laufgeräusch musste nach dem Buffet dem sonstigen Getrappel weichen. Tausende Trinkbecher lagen auf der Straße, wurden weiter gestoßen, zertreten und verursachten dabei einen fürchterlichen, ohrenbetäubenden Krach.
Einige 14km-Läufer, jetzt unweit vor dem Ziel, mobilisierten die letzten Reserven.

Sprangen zwischen den Läufern hin und her, manch einem auch vor die Beine, um sich so den Weg nach weiter vorn zu bahnen. Es war auch zu beobachten, dass die Masse der mich umgebenden 20km-Läufer gegenüber meinem noch gleichmäßigen Marathontempo merklich langsamer wurde, sodass ich mich bemühen musste, einen einigermaßen freien Weg für ein ungehindertes Laufen zu finden, was sich weiter außen am Straßenrand, dicht an den vielen Zuschauern vorbei, realisieren ließ.

Die Tribünen waren wieder erreicht, weiter stadtauswärts die Karl-Marx-Allee entlang. Der aus den Seitenstraßen kommende Windzug sorgte einige Momente für etwas sauerstoffreichere Luft.

Strausberger Platz und dann Trennung von den „Zwanzigern", die ihre letzte 5km-Schleife bis zum Ziel noch laufen mussten. Obwohl schon über eine Stunde unterwegs und recht verschwitzt, erforderte der Lauf jetzt noch keine Gedanken an die Aufbietung von Kräften und Willen. Mit körperlicher und geistiger Frische registrierte ich das Geschehen an der Strecke, im Läuferfeld und war eigentlich mehr mit dem Treiben um mich herum als mit mir selbst beschäftigt. Ein gleichmäßiges und zügiges Tempo zu laufen, machte Spaß und erforderte keine Mühe.

Am Buffet griff ich nach Tee und Haferschleim, nahm mehr als einen kräftigen Schluck und weiter.

Hoppla, was nun? Ich hatte plötzlich das unwohle Gefühl, als ob die soeben zu mir genommene Stärkung nicht drin bleiben wollte. Locker weiterlaufen und ruhig durchatmen! Und die Welt zeigte sich wieder von ihrer guten Seite.

Jetzt waren die Marathonläufer unter sich und man konnte erst einmal schauen, wie die Lage ist.

Die einzelnen Läufer fanden in kleinen Gruppen zusammen, in denen man versuchte, im passenden Tempo mitzulaufen. Andere versuchten, vertrödelte Zeit wieder gut zu machen. Die bei 15 km angezeigte Zwischenzeit mit einer Stunde und 19 Minuten lag vier Minuten über meinem Zeitplan, verursacht durch schon beschriebene Hindernisse am Start und auf den ersten zehn Kilometern. Ich hatte nicht den Ehrgeiz, die verlorengegangene Zeit wieder herauszulaufen.

Das wäre bestimmt nicht gut gegangen. Wenn noch Reserven sind, dann können sie ausgespielt werden, um den Moment „mit dem Hammer" soweit wie möglich hinauszuschieben und um am Ende noch eine einigermaßen gute Figur zu machen.

Jetzt hieß es also, die nach meinem Dafürhalten gute und gleichmäßige Pace, mit der ich mich immer wieder von erreichten Läufergruppen lösen konnte, beizubehalten.

Ein junger Läufer der Altersklasse I, Startnummer 203, hatte an meinem Tempo Gefallen gefunden und heftete sich an meine Fersen. So ging es im ständigen Vormarsch mit Positionsverbesserungen der 20km-Marke entgegen, die ich dann offensichtlich doch übersehen haben musste.

Die Temperaturen wurden jetzt angenehmer und die reichlich eingerichteten Wasserstellen - sprühende Schläuche, Duschen und Wasserschlüsseln mit Schwämmen – boten genügend Möglichkeiten zur Erfrischung.

Man griff sich einen Schwamm, wischte den Schweiß aus dem Gesicht, erfrischte sich im Nacken und warf ihn wieder zu den einsammelnden Helfern. Und so wurde jetzt jedes dieser Angebote genutzt.

Auch stadtauswärts säumten viele Zuschauer die Strecke und sparten nicht mit ansporrnendem Beifall. Eine Gruppe von fünf oder sechs Jungen, die sich auf einer die „Straße der Befreiung" überquerenden Fußgängerbrücke postiert hatten, lenkte ihre Anfeuerungsrufe in Form von sich wiederholenden Sprechchören auf durch irgendetwas auffallende Läufer. Das „Bravo 772 mit den gelben Schuh'n; bravo 772..." war an einen vor mir laufenden Sportfreund gerichtet, der das auch freundlich zurück winkend quittierte.

Die Läuferschlange schwenkte nun in die ansteigende Linkskurve zur Heinrich-Rau-Straße und jetzt immer geradeaus bis zur S-Bahnstation Otto-Winzer-Straße. Dort wird die Wende sein.

Die 25km-Marke war noch nicht in Sicht, da kam uns schon der Spitzenreiter und spätere Gesamtsieger mit einem Vorsprung von 40 bis 50 m entgegen. Auch die nachfolgenden Spitzenläufer folgten in mehr oder weniger großen Abständen voneinander und es vergingen doch einige Minuten, bis kleinere Gruppen zu beobachten waren. Erst nach dem 25. Kilometer wurde der auf der Gegenfahrbahn zurückführende Läuferstrom dichter.

Der Versorgungspunkt am Kilometer 25 bot wieder Tee, Speisesalz, Regusal, Haferschleim und Zitronenstückchen. Etwas mehr Zeit und Ruhe wurde hier der Erfrischung und Stärkung gewidmet, denn einige Spuren hatte die bisherige Strecke schon hinterlassen. Die sonst nur mit Überwindung pur zu verzehrenden Zitronen wurden genüsslich ausgelutscht.

Der jetzt so angenehm empfundene Zitronensaft belebte Rachen und Mund und ließ die lästig trockene Spucke verschwinden.

Die Zwischenzeit war hinter dem Versorgungspunkt angeschrieben: zwei Stunden und zwölf Minuten. Das entsprach noch dem Zeitplan, wenn man die Zeitverluste vom Anfang mit einbezog.

Eine kurze Verständigung mit meinem Partner „Nr. 203" ergab, dass es noch zwei bis drei Kilometer bis zur Wende sein müssten. Das bisher gleichmäßige gute Tempo war noch mit geringen Abstrichen zu halten. Wir liefen jetzt längere Zeit bei erreichten Läufergruppen mit, was bei etwas geringerer Geschwindigkeit kleinere Erholungsphasen brachte.

In den Oberschenkeln wurde von Kilometer zu Kilometer die Länge der Strecke mehr und mehr spürbar. Dennoch sahen wir uns bald wieder vor der soeben erreichten Gruppe und zogen unsere Bahn entlang der endlosen Fahrbahnmarkierung. „203" immer hinter mir, bestenfalls links daneben, aber nicht vor mir laufend.

Die Wendestelle beim 28. Kilometer war dicht mit Zuschauern besetzt, die nicht mit Beifall sparten. Auch viele Marzahner waren an die langgezogene Heinrich-Rau-Straße gekommen, um ihr Interesse an diesem Laufspektakel zu bekunden.

Die 30km-Marke setzte jetzt die Maßstäbe für den Kräfteeinsatz: Erst einmal bis dorthin das Tempo halten …!

Die spürbaren Anzeichen für das Schwinden der Kräfte pochten immer mehr in den Beinen, als wollten sie sagen, wir sind da und nun sieh zu, wie du mit uns fertig wirst!

Einige Überwindung war jetzt gefragt, um keine Kompromisse zuzulassen.

Da hämmerte es ständig im Kopf: Die 30 km müssen jetzt

erreicht werden..., dann sind es noch rund 12 km – sonst ein lockerer Stundenlauf – und das sollte doch, wenn es auch schwer fällt, zu packen sein.

Überlegungen auf der Strecke, um sich selbst zu motivieren und die Lösbarkeit der Aufgabe vor Augen zu führen.

Und so ging es, mehr und mehr mit sich selbst beschäftigt, weiter. Zwei Stunden und 39 Minuten bei Kilometer 30 – also noch rund eine Stunde und zehn Minuten, um am Ziel bei 3:50 Stunden anzukommen. Das verlangt kein tolles Tempo, aber 30 Kilometer sind schon in den Beinen, da geht eine solche Rechnung nicht mehr auf. Die nächste Etappe bis Punkt 35 und dann sind es nur noch sieben Kilometer...

Immer wieder Zahlenspielereien, Vergleiche und Gedanken, die den inneren Kampf mit der Strecke und ihrer Bewältigung verkörpern, mit denen man in steigendem Maße versucht, körperlich schwindende Kräfte durch psychologische Momente, wie innerste Überzeugung und vielfach gemachte Erfahrungen auszugleichen.

Das waren aber auch sichere Zeichen dafür, dass nun die Probleme begannen. Der „Hammer" hatte zugeschlagen.

Am Straßenrand standen ein paar Stühle, die gerade nicht mit Zuschauern oder Helfern besetzt waren. Wie schön könnte man da doch sitzen und alle viere gerade sein lassen!

Marathon in Berlin 1984

Auch ein solcher Gedanke, dass 20 km im nächsten Jahr auch genug sein würden, schoss in diesem Augenblick als ernst gemeinte Erwägung durch den Kopf.

Ein Durcheinander von Empfindungen, die schließlich dazu führten, dass ich zwei Kilometer nach dem Versorgungspunkt das dringende Bedürfnis hatte, eine Gehpause einlegen zu müssen. Vielleicht auch so ein psychologischer Umstand. Es war etwa dieselbe Stelle wie im

Vorjahr: Bis hier her und jetzt erst einmal ein paar Schritte gehen. Mein Partner „Nr. 203" wollte das, sicher weil er vorher keine Anzeichen bei mir bemerkte, gar nicht wahr haben und forderte mich auf: „Nur noch zehn Kilometer!" Es half nichts, ich brauchte ein paar ruhige Schritte, um das schon schmerzhaft werdende Nachlassen der Kräfte in den Oberschenkeln zu beruhigen.

„203" bedankte sich für den bisherigen gemeinsamen Lauf - „Alles Gute!" - und marschierte weiter. Er blieb für mich in Sichtweite. Beim 35. Kilometer war ich fast wieder dran, aber dann hatte er wohl noch etwas aus den Reserven der Jugend zuzulegen.
Als die Nächsten an mich heran gelaufen waren, raffte ich mich wieder auf und lief mit. Das Trikot mit dem Tausendfüßler drauf, war mir vorher schon aufgefallen. Das Tempo des „Tausendfüßlers" war mir angenehm und er meinte auch, dass es ein gutes Tempo wäre. So waren wir uns einig und liefen Kilometer 35 entgegen, obwohl einer aus der jetzt gemeinsam laufenden Gruppe meinte, dass die „35" schon hinter uns läge und damit trotz aller Mühen für die nie versiegende Heiterkeit sorgte, von wegen der bombigen Zeit, die wir jetzt ansteuern würden.
An der nun erreichten Stelle musste ich mich an die Begegnung mit dem bereits erwähnten tschechischen Sportfreund von Lok Praha erinnern.
Beim ersten Berliner Friedenslauf 1982 standen wir am Start nebeneinander, im darauf folgenden Jahr hatten wir in diesem jetzt erreichten Streckenabschnitt eine weitere Begegnung. Wir liefen einige Zeit gemeinsam auf der Heinrich-Rau-Straße, in die Frankfurter Allee, durch die Unterführung. An der Steigung aus dem Tunnel heraus musste ich ihn dann doch ziehen lassen. In der Berichterstattung der „Jungen Welt" war sein Name besonders herausgehoben und ich erfuhr, dass dieser Friedenslauf in Berlin sein zweihundertund…ster Marathon überhaupt war. Welch eine großartige Leistung dieses Läufers aus der CSSR!
Für die großen Wettkämpfe – oder besser für die Wettkämpfe der Großen – sagt man ja immer, bei bzw. nach Kilometer 35 entscheidet sich ein Marathon. Etwas anders für die Masse des

Tausenderfeldes, so meine ich jedenfalls, für die es um's Durchhalten, sich selbst überwinden geht.

Für alle, die diesen Punkt erreicht haben, gibt es jetzt nur noch eine Entscheidung: Bin ich bis hierher gekommen, dann schaffe ich auch die letzten sieben Kilometer und gehe als Sieger über mich selbst durch's Ziel!

35 km in 3:09 Stunden lag im Bereich einer akzeptablen Zwischenzeit. Am Buffet wieder Haferschleim, Tee und Zitronenstückchen. Man war immer noch in größerer Gesellschaft und das erleichtert auch die ganze Sache. Obwohl jeder seine Anstrengungen selbst zu tragen, zu verkraften hat, verteilen sich Last und Anstrengung auf viele Beine. Will sagen: Es hilft, gemeinsam zu laufen, jemanden vor sich und hinter sich zu wissen, der auch schon 35 km in den Beinen hat, was ihm durchaus anzumerken ist.

„Hallo Manfred!", rief eine mir vertraute Stimme aus einer heran laufenden Gruppe. Es war Thomas Schwarzer aus Potsdam – derzeit in Zittau, mit dem mich eine Reihe gemeinsamer Fahrten zu Laufveranstaltungen verband. Ein „Hallo Thomas!" zurück und „Was machst Du heute hinter mir?". Die Begegnung an diesem Punkt der Strecke verwunderte mich, da er gut genug und jung genug war, um 20 Minuten oder mehr vor mir zu laufen.

Um meine Frage erst einmal zu umgehen, meinte er, ich würde einer passablen Zeit entgegen laufen und erzählte dann kurz von seinen Belastungen der letzten Tage: Prüfungen, kaum geschlafen, nicht in Form. Und weiter ging es. Am Ende war er dann doch noch fünf und eine halbe Minute vor mir im Ziel. Noch bei den Gehschritten nach der Stärkung am Punkt 35 forderte ein Steppke, dass ich unbedingt einen Schwamm zur Erfrischung nehmen müsste, dann ginge es wieder besser.

Es war allerorts, so auch hier, zu spüren, wie all diese Helfer sich mühten, um den Läufern etwas von ihren Strapazen abzunehmen. Auch Zuschauer sparten nicht mit genauso gemeinten Gesten und zusätzlicher Getränkeversorgung. Da fehlte auch nicht das vom nahen Ausschank zu den Läufern gebrachte Tablett mit Bier. Einige nahmen dankend an, andere verzichteten. Auch ich machte keinen Gebrauch von diesem Angebot, zumal ich gerade getrunken hatte und hinzukam, dass

ich nach wie vor skeptisch bin hinsichtlich der positiven Wirkung beim Laufen.
Noch sieben Kilometer – Straße der Befreiung – Frankfurter Allee.
Die Hochhäuser am Frankfurter Tor waren in Sicht, aber doch noch recht weit entfernt und es drängten sich die Erinnerungen an die vergangenen Jahre auf.
Wenn sich der Blick von der Fahrbahnmarkierung löste und nach vorn späte, war diesen weit sichtbaren Gebäuden doch nur sehr langsam näher zu kommen.
Die Kreuzung an der U-Bahnstation „Frankfurter Allee" war erreicht. Der Fahrzeugverkehr wurde so geregelt, wie es die Dichte der aufeinanderfolgenden Läufer zuließ. So musste auch die Straßenbahn warten, bis sich eine größere Lücke auftat.
Ein dichtes Zuschauerspalier säumte den Weg der Läufer. Kurz hinter der S-Bahnüberführung nutzte ich ein paar Meter ohne Zuschauer, um einige Gehschritte einzulegen.
Keine Gehpause, nur einige Schritte, um für den Vorsatz, „Jetzt durchlaufen!" die letzten Reserven zu mobilisieren.
Und so wurde es gemacht. Daran konnte auch der zwei Kilometer vor dem Ziel eingerichtete Versorgungspunkt nichts ändern.
Nur einen Schwamm zur Erfrischung. Die Uhr stand bei knapp 3:40 Stunden – zwölf Minuten für noch zwei Kilometer und dann noch eine Minute für 195 Meter. Mit dem Tempo auf den letzten Kilometern war ich ganz zufrieden. Ich konnte in dieser Phase des Rennens doch mehr Läufer überholen, als mir selbst die Fersen gezeigt wurden.
Es zog mächtig in den Oberschenkeln. Aber die Gedanken an das gleich erreichte Ziel drängten diese Problemchen in den Hintergrund. Das stolze und erhabene Gefühl, den vierten Marathonlauf gleich bewältigt zu haben, begann zu dominieren.
Der Strausberger Platz war erreicht und jetzt nur noch ein paar hundert Meter. Das große Band über der Straße mit der Aufschrift „Ziel" war schon zu erkennen. Die Zuschauer drängten sich hinter der Absperrung und hatten auch noch gewichtige Hinweise wie aufmunternde und anerkennende Worte für die letzten Meter: „Locker durchlaufen!", „Es ist gleich geschafft", „Nur noch … Meter", „Bravo, große Klasse!" usw.

Alles das half, schneller dem Ziel näher zu kommen. Oder besser gesagt, es überhaupt zu erreichen.
Da sich der Zuruf: "Es ist gleich geschafft!" hier wie auch anderswo relativ oft in der Endphase eines Laufes wiederholt, eine kleine Begebenheit am Rande des letzten Rennsteiglaufs: Ein sich Laufschritte abringender Sportfreund, es ging leicht bergauf, gab einem solchen freundlichen Rufer zurück, dass ihm das – nämlich, es wäre gleich geschafft – schon vor einer halben Stunde versprochen worden sei.
„Gleich geschafft!" ist für den Läufer nicht gleich aufhören. Es erfordert noch einmal den ganzen Einsatz aller physischen und Willenskräfte und hat nichts mit Austrudeln zu tun. Für mich hat dieses Wort in seinem wahrsten Sinne nur Bedeutung unmittelbar vor dem Ziel. Und da war es endlich soweit. Mit letzten Kraftreserven die Schritte noch einmal beschleunigen, um den vielen Zuschauern in lockerem Laufstil zu zeigen, wie gut man doch die 42,195 km bewältigt hat. Nur keine Schwäche zeigen.
Eine abgesperrte Gasse geleitete die Läufer unwiderruflich über die Ziellinie. Die große Digitaluhr zeigte 3:52:57 an. Die emsig Wettkampfkarten einsammelnden Kampfrichter, die Aufforderung: „Weitergehen!" und schließlich die Urkunde für die erfolgreiche Teilnahme gaben die Gewissheit, dass es nun wirklich geschafft ist.
Dankend nahm ich die angebotene Decke entgegen und schlich mit schweren Beinen zu den bereitgestellten Getränken. Nahm einen Becher Tee und setzte mich in meine Decke gehüllt auf eine Bank. Ich konnte nicht sagen, was in diesen Minuten wohltuender gewesen wäre, von dem „nicht mehr laufen müssen" mal abgesehen.
Der Puls wurde langsamer. Die Atmung ging von den jede Anstrengung vermeidenden kurzen, flachen Atemzügen zum normalen tiefen Durchatmen über. Der aufgewühlte Körper beruhigte sich.
Es waren noch nicht die Minuten, um sich selbst auf die Schulter zu klopfen und es kam auch keiner, um mich auf meiner Bank hochleben zu lassen. Und so raffte ich mich wieder auf und begab mich auf den Weg zur Turnhalle in der Berolinerstraße. Die DRK-Helferinnen waren schon um ihre Decke besorgt, dass sich auch keiner mit der schützenden Hülle zu weit entfernt.

Thomas trug mir noch Grüße an seine Eltern auf, da er in Berlin beim Kumpel übernachte und am nächsten Tag gleich nach Zittau fahren werde.

In der Turnhalle herrschte allgemein ruhige und zufriedene Stimmung. Man tauschte sich aus, wie es lief, berichtete von Erlebnissen, trank den nach eigenen Rezepten gemischten Tee und versuchte eine Kleinigkeit zu essen.

Raus aus den verschwitzten Sachen und erst einmal waschen. Die Räume dazu befanden sich eine Etage tiefer. Das bedeutete, Treppe nach unten gehen, was mir zu gut als wenig angenehm nach solchen Anstrengungen bekannt war.

Nach einigen recht ungelenken Treppab-Schritten konnte dann aber das heiße und kalte Wasser über die Beine rinnen. Das war das Wichtigste und danach alles andere.

So frisch gemacht fühlte ich mich schon wesentlich besser und rüstete für die Heimfahrt.

In der Turnhalle war ein ständiges Kommen und Gehen. Mein zeitweiliger Begleiter „Nr. 203" kam noch zu mir, um zu gratulieren. Er sei 699. Geworden.

Wir verabschiedeten uns bis zum nächsten Mal, ohne überhaupt zu erwägen, wo das sein könnte und uns unsere Namen zu verraten.

Um einen Sportfreund musste man sich etwas intensiver kümmern. Er zitterte am ganzen Körper. Offensichtlich ernsthaftere Probleme, die ich so bei Läufen noch nicht beobachtet hatte. Vielleicht zu wenig getrunken oder wer weiß was?

Eine Tasche wurde ihm unter die Beine geschoben und er wurde massiert, um die Durchblutung an den richtigen Stellen in Gang zu bringen. Man mühte sich mehr oder weniger fach- und sachkundig, da sonst allerorts guter Absicherung in diesem Moment in der Turnhalle keine kompetente medizinische Hilfe zur Stelle war.

Um den Komplikationen des Straßenverkehrs aus dem Weg zu gehen, hatte ich mein Auto am Frankfurter Tor abgestellt. Also mit der U-Bahn die Strecke zurück, die mir eben noch so schwer gefallen war.

Gegen 24 Uhr zuhause angekommen, freute ich mich auf das wohltuende Bad. Dann ein wenig essen und viel trinken und das konnte jetzt nur ein großes Bier sein.

30 Minuten nach Mitternacht lag ich im Bett, kaputt aber zufrieden und keine Spur von Müdigkeit. An schlafen war nicht zu denken. Um halb zwei rannte ich wieder in der Wohnung umher. Das ruhige Liegen war fürchterlich. So ging es noch einige Male hin und her bis dann doch für kurze Zeit ein schlafähnlicher Zustand eintrat.

Mit dem Essen wollte es auch am Morgen noch nicht so recht klappen, aber dafür wieder viel trinken. Ein paar Lockerungsübungen halfen, die Beine gangbar zu machen und es gelang mir dann auch, mit verhältnismäßig geringen Problemen die Treppe zu bewältigen.

Der Zufall wollte es, dass am Vormittag ein Arzttermin innerhalb einer Reihenuntersuchung mit EKG, Labor usw. anstand, wo mir zusätzlich das unbeschadete Überstehen der Marathonstrapazen bestätigt wurde. Auch wenn der Puls noch unregelmäßig hin und her sprang – vor der Belastung schneller als nach den zehn Kniebeugen.

Das Mittagessen war dann die erste gehaltvollere Mahlzeit, die ich mit einigermaßen Appetit zu mir nahm.

So war das Befinden bereits einen Tag nach dem Lauf relativ gut und so gut wie ohne Beschwerden.

Auch an den folgenden Tagen musste ich mich nicht mit Muskelkater herum plagen. Ich fand somit wiederum bestätigt, dass an den zu erreichenden Zeiten nicht mehr allzu viel zu drehen ist, aber doch an dem „Wie": Wie eine solche Anstrengung zu verkraften ist, mit welchen Nachwirkungen und in welcher Zeit sich das Normalbefinden wieder einstellt. Und das gelingt immer besser und schneller.

Am folgenden Montag begann die „Junge Welt" etappenweise mit der Veröffentlichung der Resultate des Berliner Friedensmarathons 1985.

Alle 1.056 Läuferinnen und Läufer, die das Ziel erreicht hatten, wurden mit den Platzierungen in den Altersklassen und in der Gesamtwertung sowie den erreichten Zeiten öffentlich genannt. Das war Lohn und Anerkennung nicht nur für die ganz vorn Platzierten sondern für alle, die erfolgreich diese Leistungsprobe bestanden haben.

Mehrfach wurde ich dieser Tage angesprochen, wann denn nun mein Name in der Zeitung zu finden wäre? Nicht nur „laufende" Sportfreunde, Kollegen und Bekannte bekundeten so ihr Interesse, sondern auch Leute, die man eben nur so wie viele kannte.

Daraus entwickelten sich viele Gespräche über den Berliner Lauf, über das Laufen überhaupt und darüber, dass man sich schon lange vorgenommen habe, zu laufen und dass man wieder regelmäßiger trainieren müsste.

So gesehen trug diese Veröffentlichung nicht wenig dazu bei, noch mehr Menschen als die über 50.000 direkt Dabeigewesenen einzubeziehen, sie mit personifizierten Beispielen anzusprechen und Anstöße zu geben.

Kurz: Der Berliner Friedenslauf war im Gespräch. Teilnehmer berichteten von einem noch nie mitgemachten Lauferlebnis, Sportinteressierte brachten ihre Bewunderung zum Ausdruck und nicht wenige – oder einige – sahen sich veranlasst, selbst aktiv zu werden. Wenn ich das so aufschreibe und erinnere, dann denke ich vor Allem an die persönlich erlebten Wirkungen dieses Laufes ein Jahr zuvor, deren Ausgangspunkt ebenfalls in der Veröffentlichung aller Marathonergebnisse zu finden ist.

Das war nämlich so: Die Betriebssektion der „Kammer der Technik" hatte im September zu einer Exkursion eingeladen, zu der sich ein gemischter, aufgeschlossener Teilnehmerkreis zusammengefunden hatte. Der sportinteressierte Verantwortliche nutzte im Bus – wir wissen, wie so etwas anlässlich einer gemeinsamen Fahrt abläuft – die Gelegenheit, die Kolleginnen und Kollegen mit neuesten Sportinformationen vertraut zu machen und wies schließlich mit den entsprechenden Ausschmückungen auf die „Junge Welt" vom Vortag hin. Er hatte sie natürlich zur Hand, mit den Ergebnissen des Marathons beim Berliner Friedenslauf, wo unter vielen anderen auch mein Name zu finden war. Nachdem so Bewunderung und Anerkennung ausgesprochen waren, wurde ich gebeten, einige Worte zu Lauf, Erlebnissen, Ergebnis und „wie macht man das" zu sagen.

Ich tat das gern. Mehr aus dem Gefühl heraus, etwas für die Kurzweil während der Fahrt beizutragen und weniger um für das Laufen zu werben. Aber die nachfolgenden Gespräche und Wünsche, mehr erfahren zu wollen, belehrten mich eines anderen. Das war Werbung, die ansprach und Anstöße gab. Ich hatte mich bisher nie als Beispiel gesehen, weil ich im Sport mit dem Laufen nicht mehr tue als andere, wozu viele fähig sind und es auch ausüben. Aber gerade das ist es wohl: Ich bin einer von vielen, mit dem man sich messen kann, ohne besondere Voraussetzungen, nur mit einer Portion Konsequenz und Neigung zum Laufen ausgestattet. Damit kann sich jeder vergleichen, seine eigenen Möglichkeiten abwägen und kommt schließlich, wie ich hoffe, zu dem Schluss: Was der kann, sollte zum Vorteil der eigenen Gesundheit und Leistungsfähigkeit für mich auch möglich sein!

Es muss ja nicht gleich ein Marathon angesteuert werden. Fünf Kilometer ohne Probleme durchzulaufen, wäre ja auch schon etwas, was man sich erst einmal erlaufen müsste.

Und so gab es dann in der Folge organisierte Gespräche zu Lauferfahrungen, illustriert mit Dias vom Rennsteiglauf und was schließlich das Entscheidende ist, Laufaktivitäten in diesem interessierten Kollegenkreis. Zunächst noch jeder für sich, aber mit der ausgesprochenen Zielstellung, beim Burgenlauf in Belzig sich über acht Kilometer ausprobieren zu wollen.

Ein Jahr danach wurde das zwar noch nicht Realität, dennoch waren wir, immer wenn sich Gelegenheiten boten und Veranlassung gegeben war, „im Gespräch", um die begonnenen eigenen Aktivitäten am Laufen zu halten.

Soweit mit eigenen Abschweifungen das Erlebnis Friedensmarathon 1985.

Bleibt nur noch der Vollständigkeit halber das exakte Ergebnis nachzutragen:

42,195 km in 3:52:57 Stunden
Platz 736 total von 1.056 gestarteten und
172. von 241 Läufern der Altersklasse IV im Ziel!

Ungewissheit und Überraschung 1986

Ungewissheit, ob beim Rennsteiglauf 1986 überhaupt starten zu können und eine am Lauftag in keiner Weise erwartete Wetterüberraschung waren die Zeichen des nunmehr für mich sechsten GutsMuths-Rennsteiglaufs am 24. Mai 1986, die dieses Laufvorhaben in ein besonderes Licht rücken lassen, welches schließlich das Geschehen aus dieser Sicht beleuchten soll. Ungewissheit und Überraschung? Aber der Reihe nach.

Die Ungewissheit, wie schnell die Lauffähigkeit geschweige die Leistungsfähigkeit zum Durchstehen der Kraftprobe am Rennsteig wieder herzustellen wäre, resultierte aus dem nicht alltäglichen Ereignis einer Gallenblasenoperation, der ich mich am 4. März 1986 nicht entziehen konnte.

Das wäre der sachlich zu benennende Fakt, dem ich mich aber mit all seinen unangenehmen Begleiterscheinungen nicht so ohne weiteres abwartend, wie sich die Dinge entwickeln würden, ergeben wollte.

Im Allgemeinen gelte ich als ein vernünftig, überlegt logisch denkender und handelnder Mitbürger. Aber irgendwo und irgendwann kommt jeder mal in Situationen, so meine ich, wo die Motive des Handelns nicht aus Vernunftgründen resultieren und für Außenstehende unverständliche Handlungen ausgeführt und irre Ziel angesteuert werden.

Als normal und für jeden zu verstehen und auch von jedem akzeptiert wäre sicherlich ein solcher Standpunkt: 1986 eine Operation? Also erst einmal Schluss mit dem Laufen! Wann und wie man wieder anfangen könne, wird sich zeigen und die sechste Teilnahme am Rennsteiglauf wird es dann eben erst 1987 geben.

So zu handeln, würde sicherlich allerorts – und ich schließe mich zur allgemeinen Beurteilung einer solchen Situation gar nicht aus – als vernünftig bezeichnen und befürworten.

Anders meine Reaktion im konkreten Fall. Für mich war der bevorstehende operative Eingriff eine Herausforderung: Maximal alle Möglichkeiten auszuschöpfen, um auch unter diesen Umständen den GutsMuths-Rennsteiglauf 1986 nicht auszulassen.

Um es auf den Punkt zu bringen, auch 1986, wie bisher fünf Jahre zuvor, ununterbrochen dabei zu sein, das war die eine Seite. Andererseits war es die Frage, was ist in elfeinhalb Wochen nach dieser OP möglich, um sich wieder in eine solche Form zu bringen, die auch Sicherheiten für die Bewältigung der 45 km am Rennsteig birgt. Erzwingen lässt sich sicherlich nichts. Aber was ist bei Beachtung aller Umstände und Möglichkeiten machbar? Das war es, was mich reizte und herausforderte.

„Wir leben nicht um zu laufen, sondern wir laufen um zu leben!", das ist ein Leitgedanke, den man vielfach antrifft. Der mir zuletzt auf T-Shirts aufgedruckt am Rennsteig auffiel, zu dem ich mich voll bekenne und erst einmal vorangestellt sei, um hier und da eventuell aufkommenden Verdacht, leichtfertig zu handeln, durch etwas ausholende Darlegungen weitgehend zu entkräften oder zumindest in den Hintergrund zu rücken, um dann schließlich das eigentliche Erlebnis Rennsteiglauf 1986, verbunden mit den nun schon vielfältigen Erinnerungen aus den bewältigten Läufen, zu schildern.

Es war an einem Tag im September 1995 als ich zur Mittagszeit urplötzlich von recht unangenehmen Beschwerden in der Bauchgegend und von Übelkeit geplagt wurde.

Unwohlsein und Antriebslosigkeit an den folgenden Tagen und schließlich nach den ersten Untersuchungen die Diagnose, dass sicherlich Gallensteine die Ursache für die sonst nicht gekannten Erscheinungen seien. Einige ärztliche Verordnungen und weitere Untersuchungen mit Röntgenaufnahmen und Ultraschall folgten, bis dann endgültig feststand: Gallensteine und die müssen raus! Natürlich war ich, um den diagnostizierten Befund in seinen Auswirkungen erträglich zu machen, in dieser Zeit krankgeschrieben. Und da ich mich nicht krank, wie auch nicht richtig gesund fühlte, versuchte ich es mit einem kleinen täglichen Lauf. Es ging und ich fühlte mich gut dabei! Befand mich damit aber im Widerspruch zu den ärztlichen Empfehlungen, die ich schließlich an dem Tage, als mir die Arbeitsfähigkeit wieder in Aussicht gestellt wurde, vollkommen außer Kraft setzte. Es war einen Tag nach den Röntgenuntersuchungen, die ja bekanntlich zur Entleerung von Magen, Darm usw. und für die klare Sicht bei den Aufnahmen vorzubereiten waren.

Also, wenn arbeitsfähig, dann muss es mit dem Laufen auch wieder klappen und ich schickte mich an, auf meinem Rundkurs von 1,3 km am Ruinenberg 10 km im flotten Tempo zu traben. Es lief und es lief gut. Ich hatte keine Mühe, Runde für Runde das Tempo zu halten und die Uhr zeigte schließlich nach diesem 10km-Test eine 46-iger Zeit (46:55 Minuten), die ich in dem Jahr bislang noch nicht erreicht hatte und nur 20 Sekunden über der hier gelaufenen Bestzeit lag. Das Befinden nach dem Lauf erwies sich als ausgezeichnet (Puls unmittelbar nach dem Lauf und dann jede weitere Minute: 168 / 144 / 136 / 128 / 120 sowie Blutdruck zwei Stunden vor dem Lauf gemessen: 130 : 80). Damit war sozusagen der Auftakt gegeben, um das regelmäßige Training wieder aufzunehmen, zumal die Serie der

Bezirksranglistenlauf über 25 km in Neuseddin, 1988

Herbstläufe meist über 25 km bevorstand.
Allein das Wissen um die Tatsache, mit Gallensteinen belastet zu sein, machte mich ein wenig unsicher.
Aus den absolvierten Trainingsläufen schöpfte ich Zuversicht, sodass ich am Sonnabend, dem 5. Oktober 1985 nach Neuseddin fuhr, um zunächst am Läuferseminar teilzunehmen und um dann zu sehen, wie ich mich hinsichtlich des Laufens entscheide.
Aber wie das so eben ist. Am Laufort angekommen, drehte sich alles ums Laufen und die vor Minuten noch vorhandene Unentschlossenheit war plötzlich wie weggeblasen.
Der erste Weg führte mich zur Anmeldung. So, als ob ich nie etwas anderes vorgehabt hätte. Wenn laufen, dann schon die 25 km und nicht, wie es auch möglich gewesen wäre, 10 km.
Startgeld bezahlen, in die Starterliste eintragen, Startnummer in Empfang nehmen, Startkarte ausfüllen und damit war alles klar und entschieden: Teilnahme am „5. Robert-Siebert-Gedenklauf" in Neuseddin über 25 km und somit auch der fünfte Start für mich bei diesem Lauf, der bisher – von einmal in die falsche Richtung geschickt abgesehen – recht umsichtig von der ASG Vorwärts Neuseddin organisiert und teilweise als Bezirksranglistenlauf der Bezirkes Potsdam ausgetragen wurde.

Schon wie die Tage zuvor war es an diesem Sonnabend für einen Tag Anfang Oktober ungewöhnlich warm, 24° bis 25°C. Das kam mir entgegen und unterstützte meine Überlegungen zum möglichst gleichmäßigen Durchlaufen.

Unbeeindruckt von dem allgemein schärferen Anfangstempo fand ich mich bald in einer kleineren Gruppe wieder, in der auch Helmut Hoffmann aus Leipzig lief. Ein Läufer bereits in der Altersklasse V, der jedes Jahr in Neuseddin anzutreffen ist und mich schon einige Male durch seine gleichmäßige Laufgestaltung und das immer bis zum Ende beeindruckte.

So waren gemeinsam gelaufene Kilometer und die kurzen Begegnungen auf der Strecke, wie selbst überholen und wieder eingeholt zu werden, die Punkte, die uns miteinander bekannt machten.

Ich war also gut beraten, wenn ich mich an seinem Tempo orientierte, zumal er bisher immer das bessere Ende für sich hatte. Ohne ein Wort darüber zu verlieren, waren wir uns einig und liefen, verglichen an den alle fünf Kilometer aufgestellten Streckenangaben unsere Durchgangszeiten und konstatierten eine auf die Minute gleichmäßige Pace mit 25 Minuten für diese Abschnitte.

Zwischen 15 und 20 km äußerte Helmut leichte Zweifel, dass er dieses Tempo wohl nicht mehr lange beibehalten könne. Aber dem war nicht so. Auf dem letzten 5km-Abschnitt mit seinen Anstiegen und sandigen Wegen forderten wir uns gegenseitig die noch vorhandenen Reserven ab. Dennoch reichte es hin zum Ziel noch zu einem zünftigen Spurt, den mein Laufpartner um Handbreite für sich entschied und mit dem wir den Zuschauern am Ziel anerkennenden Beifall entlockten. Die 2:06:24 Stunden waren für mich Selbstbestätigung und Gewissheit, in zwei Wochen den Burgenlauf in Belzig voll in Angriff zu nehmen. Und so sollte es dann auch sein.

Der Burgenlauf Belzig – Wiesenburg – Belzig, nun auch schon ein Lauf mit guter Tradition, war 1978, als ich vom ersten Lauf über 25 km durch die Wälder des Flämings mit Bild und gut aufgemacht in der Zeitung las, der Anstoß, mich auf einer solchen Strecke zu probieren. Sie schien mir, damals noch mit einem Trainingslauf pro Woche, als machbar und als hohes Ziel erstrebenswert. So bin ich seit dem II. Burgenlauf ab 1979 oft dabei gewesen (2008 das 20. Mal). Und da hier für mich die

erste Bewährung über eine größere Distanz in einem größeren Läuferfeld stattfand, hat dieser Lauf, auch angetan von der gesamten Atmosphäre, seit dem einen besonderen Platz in meinem Laufkalender. Unter den 25km-Läufen ist er mein Favorit.
1985 zum siebten Mal dabei. Die Bestzeit steht bislang bei 2:05 Stunden und im Vorjahr gelaufen.
Die ersten fünf Kilometer immer bergan hinauf nach Hagelberg, wo die Spitzenläufer um die Bergprämie, wohl immer eine Torte, streiten, hinunter nach Schmerwitz über Schlamau im flotten Tempo nach Wiesenburg.
Bernd Wartenberg von der BSG Wissenschaft in Bornim lief mit seinem langen Schritt vorbei. Hier und da andere Bekannte, immer wieder wechselnde Gruppen aber kein Partner zum gemeinsamen Laufen, wie ich es vor zwei Wochen in Neuseddin aber auch hier schon mit Gerd Neumann, Ernst und Georg Schindler, alles Potsdamer Läufer, oder mit Peter Schubert von Einheit Rathenow bereits erlebte. Diese Erinnerungen drängten sich auf, da die letzten zehn Kilometer fast im Alleingang zu bewältigen waren.
Es ging aber gut und ich vermochte mein Tempo ohne Abstriche zu halten. Den Berg bei Borne hoch, dann im holprigen Hohlweg hinunter und schließlich die letzten Kilometer auf der Straße in Richtung Belzig. Hier konnte ich noch etwas zulegen, überholte im lockeren Lauf den am Anfang so leicht trabenden Gerd W., der nicht mehr den frischesten Eindruck machte und eine letzte Gehpause eingelegt hatte.
Weithin hörbare Fanfarenklänge verkündeten das nahe Ziel. Auf Kopfsteinpflaster hoch zur Burg und es war geschafft. 2:06:11 Stunden, fast die gleiche Zeit wie vor zwei Wochen.
Relativ frisch, ohne die oft nicht zu umgehende Schwere in den Beinen und mit mir selbst zufrieden, konnte auch dieser Start in die Bilanz der erfolgreichen Läufe eingereiht werden. Offensichtlich unbeeinflusst durch die diagnostizierte „steinerne Tatsache" in meinem Inneren.
Aber diese „steinerne Tatsache" sollte ja aus der Welt geschafft werden, das war klar. Unklar war nur der Zeitpunkt. Demzufolge trainierte ich, so wie es die Witterung in diesem schneereichen, sehr kalten und langen Winter sowie mitunter hartnäckige Erkältung zuließen, bis dann schließlich Ende

Burgenlauf 1984 - 25 km in 2:05 Std.

Februar von Freitag zu Montag das im Krankenhaus bereite Bett zu belegen war.
Die jetzt folgenden Einzelheiten sollten weniger interessieren. Nur so viel: Die OP verlief problemlos. Oberarzt und Stationsarzt waren angetan von meinen läuferischen Aktivitäten und ich bekam zur Entlassung am zehnten Tag nach der Operation neben anderen Hinweisen mit auf den Weg: „Die Narbe hält ab sofort das Laufen aus!". Und ich dachte so, wollen wir sehen, was sich daraus machen lässt. Und das sah zunächst erst einmal anders aus.
Da war der Heimweg und dafür sollte ich gefälligst ein Taxi nutzen. So jedenfalls meine Frau und Oberschwester im besagten Krankenhaus. Wie ein ganz doll Kranker zu Hause vorzufahren, das war nicht mein Fall und fuhr, wie man es allgemein eben tut, mit dem Bus. Nach der Mittagsruhe hatte ich das Bedürfnis, einen Spaziergang am Ruinenberg - meiner Laufstrecke - zu machen. Das war schon mit einigen Anstrengungen verbunden. Schön langsam und vorsichtig. Bei den Erschütterungen infolge zu festen Auftretens machte sich die Narbe unangenehm bemerkbar und der Versuchung, zur Entlastung des sauber genähten Bauches, nach vorn gebeugt zu gehen, musste mit strammer Haltung begegnet werden. Bei einiger Überwindung ging das und es war schon ein kleines Erfolgserlebnis, so spazieren zu können.

Vertraut wie eh und je, traf ich auch heute wie sonst beim Laufen den Vater von Thomas Schwarzer mit Hund Robert. Mich in dieser Gangart zu sehen, war ungewohnt und veranlasste ihn gleich fragend auf den Bauch zu deuten und ich versicherte zustimmend, dass alles gut überstanden wäre.
Morgendliche Gymnastik und spazierte Runden waren nun meine Trainingseinheiten. Aber dabei sollte es nicht lange bleiben. Bereits am 18. Tag nach der OP – so wurde jetzt jeder Fortschritt mit der dem Krankenhaus entlehnten Zeitbestimmung eingeordnet – kramte ich mein Sportzeug und die Laufschuhe heraus, um ein paar Laufschritte zu riskieren. Nur mal sehen, ob es und wenn, wie es geht.
Schließlich wurden gleich drei Kilometer daraus. Das war nicht ganz ohne und reichte für diesen Tag, zeigte aber auch, dass ich zuversichtlich sein konnte. Und so folgten jetzt immer länger werdende Läufe und der Blick auf die Uhr spielte auch bald die gewohnte Rolle.
Nach der „Krankenhauszeitrechnung" sah das schließlich so aus:

am 18. Tag – 3 km, dann
am 21. Tag – 5 km in 28:30 Minuten,
am 23. Tag – 5 km in 28:00 Minuten,
am 24. Tag – 8 km in 46:00 Minuten,
am 25. Tag – 3 km,
am 26. Tag – 10 km in 52:40 Minuten und
am 28. Tag – 10 km in 52:30 Minuten.

Damit waren vier Wochen verstrichen und ich wagte mich an größere Strecken. Dem Rat des Arztes folgend, das zu tun, was man verkraftet und sich zutrauen kann.
Der Gedanke, das Training auf die Teilnahme am Rennsteiglauf auszurichten, war zwar mit vielen Unsicherheiten und Zweifeln behaftet, spiegelte sich aber beim Laufpensum schon deutlich wider. So wurden dann 15 km in 1:23 Stunden, 10 km in 52:30 und 50:30 Minuten und wieder die 15 km in schon 1:20 Stunden gelaufen. Mir kam es darauf an, gleichmäßig ohne vollen Krafteinsatz locker durchzulaufen und nach dem Lauf keine langen Erholungsphasen nötig zu haben. Zwar geschafft zu sein, aber sich wohl zu fühlen.

Ich empfand so das Laufen als ein ausgezeichnetes Mittel, die doch infolge der Operation eingetretene konditionelle Schwäche schnellstens zu überwinden und die Kräfte für einen vollen Arbeitstag zu sammeln. Diesen vollen Arbeitstag zu bewältigen, hätte mir zu der Zeit sicher mehr Schwierigkeiten bereitet, als die ersten zehn Kilometer zu laufen.

Beides würde ich auf Grund der jetzt gemachten Erfahrungen nicht gleichsetzen wollen. Aber das eine ist für das andere gut und entspricht meiner durch das Laufen angeeigneten Grundhaltung zu einem aktiven Gesundheitstraining. Nicht als Allheilmittel, aber dem „ständig um eigenes aktives Mittun für die Gesundheit bemüht zu sein", sollte doch allerorts weit mehr ein gebührender Platz eingeräumt werden.

Das sich das im alltäglich Trubel und vor allem in schwierigen Situationen, die das Leben mitunter überraschend bereithält, auszahlt, sollte hiermit versucht werden, beispielhaft zu belegen.

Nach Ablauf der üblichen sechs Wochen wurde mir zum 19. April die Arbeitsfähigkeit ärztlich bescheinigt. Das waren genau fünf Wochen vor dem Rennsteiglauf am 24. Mai, als dem nun nach vorn gerichteten Zeitpunkt an dem sich jetzt alles orientierte und an dem die läuferischen Aktivitäten gemessen wurden. Was ist in fünf Wochen noch möglich? Das war die Frage, die ich zu der Zeit hinsichtlich Teilnahme oder Nichtteilnahme noch nicht entscheiden wollte. Das Laufpensum war jedenfalls auf eine Teilnahme ausgerichtet und war auch so zu verkraften. Aber ob es zum Aufbau einer solchen Form führen würde, die zum Durchstehen auf dem Rennsteig gehört, ohne dabei Rekordversuche im Auge zu haben, das stand noch fast in den Sternen. Irgendwie wäre es schon gegangen, aber ich wollte ja gut über die Strecke kommen.

Ein erster wettkampfmäßiger Test stand dann auch gleich als Stundenpaarlauf im Rahmen des Potsdamer Friedenslaufes auf der Wilhelm-Külz-Straße (heute Breite Straße) am Sonntag, dem 4. Mai ins Haus. Gemeinsam mit meinem Sohn Detlev als Laufpartner – wir hatten schon mehrere Paarläufe miteinander bestritten – wollte ich mich dieser Probe der Leistungsfähigkeit auf dem Rundkurs von circa 600 m unterziehen.

Etwa 200 Paare hatten sich in die Starterliste eintragen lassen, sodass es bei den ersten Wechseln doch recht eng zuging. Mit mir in der Runde lief auch Günter Wolf, ein für die Gesundheit laufender Arbeitskollege. Da ich das läuferische Vermögen von Günter aus den gemeinsamen Läufen bei Betriebssportfesten kannte, hieß es für mich, dranbleiben.

Einige Runden klappte das auch, bis es Detlev gelang, Günters Partner abzuschütteln und wir hatten am Ende der Stunde 300 m mehr auf unserem Konto. Auch manch anderes Paar mit vergleichbarer Leistungsstärke blieb hinter uns, so dass die in einer Stunde ablösend gelaufenen 15,320 km als Test zufriedenstellend ausging, obwohl ich nach 20 Minuten einen solchen Durchhänger hatte, der zeitweilig dieses gute Ende nicht erwarten ließ.

Damit war die erste Hälfte der anstehenden Frage positiv beantwortet und es hing jetzt vom jeweils vor dem Rennsteiglauf eingeordneten 30km-Test ab, wie die Entscheidung endgültig ausfallen würde. Mir kam es am 10. Mai nicht auf eine Bestzeit an. Die lag bei 2:37:30 Stunden. Sondern es ging darum, bei gleichmäßig flottem Tempo bis zum Ende der 30 km gut durchzukommen. Orientierung für die 23 Runden à 1,3 km am Ruinenberg waren sieben Minuten pro Runde, was schließlich eine Zeit von 2:42 Stunden bringen konnte. Aber so planmäßig geht das sicherlich nicht über die Bühne. Und so war es dann auch.

Einsam und für mich allein drehte ich ab acht Uhr meine Runden. Die Trinkflasche in einem guten Versteck, ab und zu ein Fußgänger. Einer, offensichtlich auf dem Weg zur nahen Gartenanlage, kam nach zwei Stunden zurück und ich rannte immer noch hier herum …?!

Bis 20 km gelang es mit 5km-Zeiten um 26:40 Minuten gar die eigene Vorgabe mit reichlich einer Minute zu unterbieten. Aber dann, auf den letzten drei Runden kamen doch erhebliche Probleme, die mich zu kurzen Gehpausen zwangen, die letzten Reserven erforderten, um schließlich nach 2:43 Stunden das gesteckte Ziel, die 30 km zu erreichen.

Dass diese Zeit nur reichlich fünf Minuten über meiner Bestzeit lag und dass ich 25 km recht konstant gelaufen bin, rundet das Bild zu einem positiven Ende.

Nun war die Entscheidung klar und einer Teilnahme am 86-er Rennsteiglauf stand nichts mehr im Wege.

Die letzte Bestätigung für meine ansteigende Form war dann noch ein Lauf über 15 km eine Woche vor dem 24. Mai mit einer Zeit unter 1:15 Stunden, also fast in dem Bereich meiner Bestwerte.

Die eingangs aufgeworfene Frage nach der Ungewissheit war nun in elfeinhalb Wochen soweit beantwortet, dass ich mit relativer Sicherheit die letzten Startvorbereitungen treffen und am Sonnabend, dem 24. Mai 1986 in Neuhaus an den Start gehen konnte. Die endgültige Beantwortung wird es aber an diesem Tag erst nach 14:00 Uhr geben können.

Und nun zum Rennsteiglauf selbst, meinem sechsten infolge.

Es ist klar, dass an den Tagen zuvor dem Wetterverlauf große Aufmerksamkeit geschenkt wird. Die Prognosen verhießen einen niederschlagsfreien, warmen oder gar sehr warmen Tag. Ich stellte mich also auf 25° bis 26° C ein und dementsprechend wurde die Laufbekleidung vorbereitet:

Kurzärmliges Bauwolljersey mit der zu einer Tasche aufgenähten Startnummer für das sichere Verstauen der Brille beim Erfrischen und Abwaschen des bei diesen erwarteten Temperaturen reichlich fließenden Schweißes und natürlich die kurze Hose. Etwas anderes wurde nicht ernsthaft in Erwägung gezogen. Die dünne lange Trainingshose fand nur gewohnheitsmäßig Platz in der Sporttasche, ebenso die Windjacke.

Die Absprachen zur Fahrt waren klar. Meine Frau konnte wegen dienstlicher Verpflichtungen nicht mitfahren, also diesmal nur Fahrer Heinz und ich. Kurz entschlossen stand dann doch morgens um drei Uhr Oma Schwanke reisefertig mit in der Tür zu ihrer, ich glaube, vierten Teilnahme an dieser Fahrt und das mit 74 Jahren.

Die Nacht, oder nun schon sehr frühe Morgen, war mild und versprach das zu halten, was die Vorhersagen angekündigt hatten. Die Fahrt verlief ohne Besonderheiten, der Keilriemen hielt und bereitete uns diesmal auch keine Sorgen. In Weißenfels tanken und Pause auf eine Zigarettenlänge für Heinz.

Nach dem Verlassen der Autobahn bei Triptis wurde es gegen sechs Uhr Zeit für das Frühstück. Drei Stunden vor dem Start auch wieder das erprobte und bewährte Maß mit zwei Brötchen, einem Apfel und trinken, was rein geht.

Die Fahrzeuge mit sichtbar angebrachten Startnummern schoben sich immer mehr zusammen. Wir lagen gut in der Zeit und es ging auf Saalfeld zu. Wie zügig es weitergehen konnte, hing davon ab, ob wir auf der hinter Saalfeld sich hoch schlängelnden Straße auf einen durch Busse verursachten Stau treffen würden. Und da waren auch schon zwei dieser „Läufertransporter" in Sicht. Sie quälten sich den Berg hoch und uns blieb nichts anderes übrig, als uns dieser Geschwindigkeit anzupassen.

Der Himmel war wolkenverhangen und machte gar nicht den Eindruck, als wolle er einen Sonnenstrahl hindurch lassen. Aber das konnte ja alles noch werden.

Die Busse hatten wir inzwischen hinter uns gelassen und wir fuhren über die Dörfer Neuhaus entgegen. Ein paar Regentropfen zeigten sich auf der Windschutzscheibe und das Grau am Himmel hellte sich auch mit optimistischem Blick nicht weiter auf.

Aus den Tropfen wurde ein leichter Regen. Sicher nur ein kleiner Schauer, der gleich vorbei sein wird. Es soll ja sonnig und warm werden. Also konnte das noch nicht das letzte Wort von Seiten des Wetters gewesen sein. War es auch nicht. Aus dem leichten Regen entwickelte sich ein ergiebiger Niederschlag, der das Wasser am Rinnstein fließen ließ.

Der in jedem Jahr anvisierte Parkplatz in Neuhaus war erreicht und bot noch genügend Parkmöglichkeiten. Wir waren gut gefahren. Die Uhr stand noch vor halb acht. Es regnete und die Scheiben beschlugen. Lassen sich die Temperaturen wohl auch nicht so an wie versprochen? Keiner wollte aussteigen, es war ja auch noch Zeit. Aber während dieser sollte doch bitte schön der Regen aufhören. Er tat es aber nicht, und der Mut, bei diesem Sauwetter sich an den Start zu begeben, sank fast auf ein Minimum.

Eine aufgeweichte und schlammige Strecke hatte ich ja hier schon ausgekostet. Aber was sollte daraus werden, wenn die Schleusen

Auf dem Rennsteig 1994

von oben auch noch geöffnet sind?

Kurze Hose, kurzärmliges Jersey mit zur Ablage für die Brille aufgenähter Startnummer, um sich besser den Schweiß abwischen zu können? - Welch ein mieser Streich! Aber was half's. Alle Sachen aus dem Kofferraum ins Auto geholt und mal sehen, was sich daraus machen lässt. „Als ob ich's geahnt hätte", würde man sagen, da die rein zufällig eingepackte lange Hose nun das Richtige war.

Auf das Startnummern-Jersey war ich irgendwie festgelegt. Aber das allein würde ganz bestimmt nicht ausreichend sein. Also die Windjacke drüber, die, wenn es doch wärmer werden sollte, ausgezogen und um den Bauch gewickelt werden kann.

So sollte es gehen. Eine bessere Variante war aus dem Vorhandenen nicht möglich. Man konnte ja schließlich nicht mit Schirm laufen, an den ohnehin keiner gedacht hatte. Ja richtig, ein Schirm wäre nötig, wenn Heinz mit zum Start kommen wollte. Aber wozu mitkommen? Am Start würde ich nichts ablegen, was mit zurückgenommen werden müsste. Was soll's: „Bleibt im Auto, da sitzt ihr trocken und ich muss eben sehen, wie ich durch den Regen komme." Noch gute Wünsche und ich machte mich leicht trabend zum Startplatz. An der Startlinie stand heute noch keiner. Alle versuchten sich irgendwo vor dem Regen zu schützen. Die Bäume im angrenzenden Wäldchen waren dicht umlagert, obwohl sie auch nur den Regen zu dicken Tropfen gesammelt herabfallen ließen. Eine Viertelstunde noch, es wird Zeit, sich im großen Läuferfeld einzureihen. Die Sachen waren, schon bevor es richtig losgehen konnte, bis auf die Haut durchgeweicht. Dennoch, allen Wetterunbilden zum Trotz, war die Stimmung prächtig.

Der Sprecher informierte über die Wetterlage beim Start in Hohensonne, wonach die auf der großen Strecke Gestarteten in Rekordbeteiligung schon einige Regenkilometer hinter sich hatten. So viel wie noch nie sollten auch hier in Neuhaus am Rennweg 1986 im Regen stehen, um sich der großen Herausforderung am Rennsteig zu stellen.

Es war kühl und nach wie vor regnerisch. Zum Teil wurde schützende Regen- und Windbekleidung abgelegt. Andere zogen es vor, eine leichte Schutzbekleidung am Mann zu behalten. Kurze Hosen, lange Hosen, leichter hochsommerlicher Laufdress oder der Kühle und Nässe

angepasste Bekleidung, die auch von mir bevorzugt wurde, waren vertreten. Es sollte sich zeigen, wer besser beraten war.
Die Bläsergruppe aus Lichte steuerte mit ihrem Sänger dazu bei, die Zeit bis zum Start recht abwechslungsreich zu verkürzen. Offensichtlich trafen sie heute mit ihrem Repertoire nicht ins Schwarze und die große Läuferschar stimmte ihrerseits den Temperaturen angepasst den „Schneewalzer" an. So vergingen mit Kapellenbegleitung schunkelnd und bei gymnastischen Übungen auf engstem Raum die Minuten.
Der Sprecher auf der Tribüne hatte sein Tun, um die Massen zu beschäftigen. Alles trampelte und wartete, dass es endlich losgehen möge. Die Spannung ging auf ihren Höhepunkt zu und erfasste jeden Einzelnen.
Und plötzlich ein Knall. Ein verspäteter Silvesterscherz als Ausdruck berstender Erwartungsfreude aus einer Gruppe wenige Meter vor mir. Die näher Herumstehenden registrierten das auch so. Aber die dort vorn hörten nur diesen Knall wie aus der Startpistole. Da gab es kein Halten mehr und dem Starter blieb nichts anderes übrig, als das Feld Minuten vor der offiziellen Startzeit auf die Reise zu schicken.
Die Wiese war nass. Mal schneller, mal langsamer schoben wir uns der bewussten Stelle entgegen, an der alles wieder zum Stehen kam, um sich in die schmale Straße durch Neuhaus zu zwängen. Im Schlamm stehend blieb das übliche „Muh" und „Mäh" nicht aus, bevor es auf der Straße langsam weiter gehen konnte.
Die urplötzlich zwischen den Läufern auftauchenden Hydranten älterer Bauart, die sich auf der linken Straßenseite unausweichlich entgegenstellen könnten, fielen mir ein. Also etwas weiter zur Straßenmitte. Im vergangenen Jahr grüßte hier ein Brautpaar die vorbeiziehenden Rennsteigläufer und zog auch die gebührende Aufmerksamkeit auf sich. Wenn es heute wenigstens einen solchen Sonnenstrahl gäbe, aber nichts dergleichen.
Obwohl der Regen jetzt etwas aufgehört hatte, hingen die Wolken tief am Himmel. Viele unverzagte Zuschauer bildeten wie in jedem Jahr langgezogen ein Spalier durch Neuhaus und schickten die besten Wünsche mit auf die Strecke.
Die ersten Kilometer auf der Straße waren dazu angetan, sich auf das Laufen unter diesen Bedingungen, mit denen keiner

gerechnet hatte und die nun als die große „Wetterüberraschung" vor allen Teilnehmern stand, einzupendeln.

1996 mit Bernd Koletzki im Ziel

Jetzt gab es kein Zurück mehr. Nun stand nur noch die Frage, was aus der beschriebenen Ungewissheit und der nun hinzu gekommenen Überraschung zu machen ist? Und das konnte bloß heißen: Durchkommen und zwar gut durchkommen, ohne sich vom Blick auf die Uhr treiben zu lassen. So lief ich nun, wie es das Läuferfeld, die Strecke und meine Kraftreserven zuließen.

Die reichlich sechs Straßenkilometer am Anfang meist bergab, lassen noch nicht ahnen, wie glitschig und rutschig es noch werden sollte. Der Abzweig auf den Wanderweg war nach 35 Minuten erreicht. Eine dicht an dicht laufende Schlange hatte sich formiert, in der es nicht so einfach war, einen einigermaßen festen Weg zwischen den Pfützen zu finden.

Die dunstige Luft verdichtete sich schließlich zu einem Nebel, der nur noch wenige zehn Meter Sicht zuließ.Der Eindruck in einem Tausende zählenden Feld zu laufen, ging nun völlig verloren.

Die Läufer weiter vorn verschwanden als schemenhafte Figuren im nebligen Wald und verbreiteten solch eine gespenstische Stimmung, die nur das Keuchen und Schnaufen der Läufer vorn und hinten wie ein Echo aus dem Nebel vernehmen ließ. Aber nicht lange. So wechselhaft wie das Profil der Strecke, ist auch diese Waschküche. Bei relativ klarer Sicht zeigte sich der Hinweis auf die Verpflegungsstelle Limbach am Kilometer neun. Von oben war es bislang trocken geblieben, sodass auch die Kleidung nicht mehr so klitschnass an den Körperteilen klebte, die sich ja ungehindert und leicht bewegen sollten.

Limbach war erreicht. Viele Zuschauer bereiteten den Läufern einen begeisterten Empfang. Kinder machten sich den Spaß und liefen einige Meter mit. Die Zeit von 58 Minuten registrierte ich nur aus alter Gewohnheit, ohne Vergleiche oder Ähnliches anzustellen. Sie lag in dem Bereich, der mir heute ausreichte. Ich fühlte mich gut und so konnte es weitergehen.

Am Buffet bevorzugte man die warmen Getränke. Ohne Hast schlürfte ich meinen Becher Haferschleim und in der gleichen Ruhe ging es weiter. Denn jetzt kam der erste richtige Anstieg, der nun schon mehr Krafteinsatz verlangte und zum Gehen zwang. Diese Gehpause am Berg gab mir Gelegenheit, um den trocken gewordenen Anorak auszuziehen, ihn zusammenzudrehen und um den Bauch zu binden. So stört er am wenigsten und ist bei Bedarf schnell zur Hand. Die Schlammschlacht ging weiter. Mit den Schuhen durfte man kein Mitleid haben. Die Wege nicht nur in diesem Abschnitt zwangen dazu, immer auf der Hut zu sein, um keine weitere als notwendige Berührung mit dem Boden zu haben. Die Piste vermittelte streckenweise den Eindruck von schlammigen Triftwegen auf Weiden, über die soeben der Austrieb großer Herden erfolgte.

Wege über mehrere Verzweigungen und gespickt mit vielen ausgespülten Wurzeln, wechselten mit Abschnitten, wo man meist dem Vordermann folgend und das Beste heraussuchend, auf glitschig abschüssigen Flächen in mehreren Etagen entweder im Hohlweg oder auf der oberen Kante, versuchen musste, festen Tritt zu fassen. Es gelang nicht immer und man rutschte in unbestimmte Richtungen weg oder versank in der Tiefe. Da hieß es „Achtung!", um nicht vollkommen im Dreck zu landen, was ich zum Glück, obwohl mehrmals höchste Alarmstufe gegeben war, über die gesamten 45 km vermeiden konnte.

Nicht wenige Sportfreunde und -freundinnen wiesen jedoch recht ordentliche Spuren solcher Stürze auf.

Eine Gesamtlänge der sich so präsentierenden Streckenabschnitte anzugeben, fällt schwer. Aber ich denke, einige Kilometer waren es schon, wo man sich fragte, ob das noch Spaß macht? Sicher könnte man sich Schöneres vorstellen, als Stunde um Stunde durch Wasser, Schlamm und Pampe zu rennen. Aber dennoch, irgendwo steckt auch hier hinter nicht versiegendem Humor der Spaß und schließlich die Genugtuung, auch unter diesen Umständen die 45 km bewältigt zu haben.

Schon allein deshalb wird der 86-er Lauf einen besonderen Platz im Gedächtnis der Teilnehmer einnehmen und immer genannt werden, wenn es darum geht, große Anstrengungen unter extremen Bedingungen zu verdeutlichen.

Masserberg war in Nebel gehüllt und der Regen begleitete uns schon wieder fast eine Stunde.

Im vergangenen Jahr entwickelte ich am langgezogenen Anstieg bis hoch zum Versorgungspunkt besonderen Ehrgeiz und lief problemlos an vielen „Gehern" vorbei bis hoch zum Aussichtsturm, wo schließlich das Buffet eine Verschnaufpause bot. Heute hätte es mehrfache Anstrengung gekostet, um sich einen Weg zwischen den gehenden Läufern zu bahnen. Die Masse ging und ich tat es ihnen gleich, weil ganz einfach kein laufbarer Weg vorhanden war.

Auf dem Gipfel angekommen zeigte die Uhr 10:57. Das waren circa fünf Minuten über bisherigen Zwischenzeiten an dieser Stelle. Die Sache ging also in Ordnung ganz im Sinne meiner heutigen Zielstellung. Ich fühlte mich nach fast 20 Kilometern gut und war trotz aller Widrigkeiten optimistisch für die zweite Hälfte des Rennens.

Viel Anerkennung und Beifall begleitete die Läufer bei ihren letzten Schritten zum Buffet. Dreckverschmierte Schuhe, Beine und Hosen boten sich en gros und ließen den Zuschauer nur ahnen, was sich heute den Läufern in den Weg stellte. Wahrlich keine Einladung zum Mitmachen, was dieser Anblick bot. Wie gesagt: Man könnte sich Schöneres vorstellen.

Manch einer schlug die Hände über dem Kopf zusammen und kommentierte so für sich: Oh Gott, oh Gott …!

Aber das Vorwärtsdrängen der vom Durchhalten Besessenen, nicht ohne ein Lächeln im Gesicht, ließ kein Mitleid aufkommen. Viele freundliche Zurufe wurden miteinander gewechselt. Immer wieder Bewunderung und aufmunternde Zurufe der heute vielleicht nicht ganz so zahlreichen Zuschauer. Da rief die kräftige Stimme eines mit zünftiger Wanderbekleidung ausgerüsteten Enthusiasten: „ Männer!" - die Frauen wollte er ganz bestimmt nicht ausschließen, vielleicht waren auch gerade keine in seinem Blickfeld, - er rief also: „Männer! Ihr seid stark, ein Teil für Eure Gesundheit..." und

der andere Teil sollte, wie der Rufer meinte, der Republik zugutekommen. Wohl mehr eine ironische Anleihe bei der Zeit geschuldeten Großveranstaltungslosungen als ernstgemeinte Anerkennung.
Ja, die Frauen und Mädchen sind längst nicht mehr Einzelerscheinungen im bunten Getümmel der Läuferschar und die Männer haben sich längst daran gewöhnt, sich am Tempo manch einer Frau zu orientieren. Sie - die Frauen - laufen mit und nicht selten auf und davon. Auch das gehört zum Rennsteig und soll hier in würdigender Weise nicht unerwähnt bleiben.
Das Buffet in Masserberg bot für jeden Geschmack etwas. Wobei der Geschmack im lukullischen Sinne nicht allzu sehr bemüht werden sollte. Die Zweckmäßigkeit und Verträglichkeit beim Laufen stehen im Vordergrund und so gesehen werden von mir neben den verschiedenen kohlensäurefreien Getränken wie Tee und Regusal, Haferschleim und Zitronenstückchen bevorzugt, etwas Festeres nur in Neustadt (30 km) in Form einer Weißbrotstulle und Apfelstücke. Und wenn es in Masserberg noch Bier gäbe, würde ich dieses Angebot kaum nutzen. Nicht zuletzt, weil man danach anstehen müsste. Eine Stunde nach dem Lauf, dafür ist im Reisegepäck vorgesorgt, mundet es wesentlich besser und hat eine angenehm regulierende Wirkung im geschundenen Körper. Jedenfalls verspüre ich das so.
Die nächste Etappe bis Neustadt wird mit neun Kilometern angegeben. Rein rechnerisch und nach damaliger Kilometrierung von Kilometer 21 bis 30 ist das so. Aber die Zeit, die ich für diesen Abschnitt immer wieder brauche, steht dazu in keinem guten Verhältnis. Über eine Stunde, bis eine Stunde und 15 oder 20 Minuten.
Den Berg vom Verpflegungspunkt hinunter, die Schlucht mit den steilen Hängen ganz sicher abseits von der offiziellen Wettkampfstrecke, die wahrscheinlich serpentinenartig mit eine Spitzkehre gelaufen werden müsste. Aber wie das so geht. Vorn werden ein paar Meter verkürzt. Bei den nächsten sind es schon einige zehn Meter usw., bis endlich die kürzeste Entfernung zwischen den naheliegenden Punkten erreicht ist, auch wenn es dabei über Stock und Stein, über steile Hänge und durch eine unwegsame Schlucht geht. Der sich anschließende schmale, ausgewaschene Weg und die nach Neustadt sich lang

hinziehende Straße, das alles lässt diesen Abschnitt als den am schwersten erscheinen. Obwohl nicht lang, will er kein Ende nehmen.

Wann ist man endlich in Kahlert? In diesem Jahr war es genau 12:00 Uhr und bevor stand noch der Weg bergan über die Wiese, bis endlich die Kirchturmspitze von Neustadt hinter dem Berg hervorlugte und das verbunden mit dem einzigen

30 km gelaufen - Versorgung in Neustadt, Eberhard Haenicke braucht Hilfe, Gabi tut, was sie kann. Ich muss weiter

Sonnenstrahl, der die 86-er Rennsteigläufer streifte.
Eine halbe Stunde später war der Sportplatz von Neustadt erreicht. Am Buffet die schon erwähnte Versorgung nach 30 Kilometern und etwas mehr Zeit dafür nehmen!
Viele Sportfreunde nutzten die Gelegenheit, die nun schon recht stark strapazierten Beine massieren zu lassen. Meine Waden drängten mich nicht zu einer solchen Behandlung, die sicher für etwas Auflockerung und Belebung sorgt, aber den bereits in den Beinen steckenden 30 km-Kanten nicht vergessen macht.
Chauffeur Heinz war es gelungen in Neustadt bis an den Sportplatz heranzufahren. Ich hätte also die Möglichkeit gehabt, Schuhe und sonstiges zu wechseln. Aber warum? Die Wege werden nicht besser und zur Zeit war ich fast abgetrocknet. Also ging es in bewährter Weise weiter.
Das Wiederanlaufen, das nach der Stärkungspause an dieser Stelle meist mit einigen Problemen behaftet war und die Beine

eine längere Gehpause bis an die Straßenecke dort hinten einforderten, bereitete heute keine sonderliche Überwindung. Keine Gehpause, sondern gleich im Laufschritt weiter sprach für meine immer noch gute Verfassung.
Ein kalter Wind pfiff über das kahle Feld hinter Neustadt und der Regen gesellte sich erneut dazu. Das waren Unannehmlichkeiten, gegen die man sich schützen musste. Zum Glück konnte ich das mit dem um den Bauch gewickelten Anorak tun. Also angezogen und die Kapuze über den Kopf. Nicht wenige hörte man darüber klagen, nicht die richtige Wahl bei der Laufbekleidung getroffen zu haben. Die nun schwindenden Kraftreserven und die kalten Muskeln dazu können sich schon recht unangenehm bemerkbar machen.
Vermummt und zugeschnürt ging es weiter. Die nasse Hose klebte an den Oberschenkeln. Die Brille hatte durch den heftigen Regen als Sehhilfe keine Funktion mehr und vermittelte mir nur noch ein undeutliches Bild von dem, was sich da vor mir abspielte. Sicher verstauen und ohne Brille weiter, mit den Gedanken voraus bis zum Versorgungspunkt Dreiherrenstein, den ich in meinen Erinnerungen an den ersten Lauf 1981 unterschlagen hatte. Damals waren es zu viele Eindrücke und die Anstrengungen waren unvergleichlich höher als bei den folgenden Läufen, bei denen es von Jahr zu Jahr besser ging, was sich auch in kontinuierlich besseren Zeiten zeigte.
Heute aber ohne Zeitdruck, denn die Operation – und das wollte ich nicht vergessen – lag erst 80 Tage zurück.
Es lief gut. Die Länge der Strecke war zwar schon spürbar, aber keine Anzeichen von Erschöpfung. Ich befand mich ganz einfach noch diesseits der Grenze, bei der die Reserven zu Ende gehen, wo das Laufen beginnt wehzutun und wo man dazu neigt, die Atmung zu vernachlässigen, weil sie ja auch mit Muskelarbeit verbunden ist und knapp werdende Energie verbraucht.
Von den Wegen und vom Wetter nichts Neues, Dreiherrenstein lag hinter uns, weniger als fünf Kilometer bis Frauenwald, der letzten Verpflegungsstelle auf der Strecke.
Nach fünfmaliger Absolvierung dieses Kurses ist bereits alles so vertraut, dass man nach jedem Abschnitt weiß, wie es etwa weitergeht. Markante Punkte, eindrucksvolle Ausblicke und die schweren Anstiege haben sich eingeprägt. Ein Problem ist nur,

wenn man sich mit einigem Abstand dazu Gedanken macht, alles in die richtige Reihe zu bekommen.

Aber Frauenwald, das steht für jeden fest, das ist die letzte Station, an der noch einmal die Kräfte gesammelt werden. Schon wenn man den Berg hinunter läuft, wird man von der stimmungsvollen Atmosphäre erfasst, die von den vielen Zuschauern und dem großartigen Bemühen für die Läufer ausgeht.

Als Erstes ist die Kontrollkarte im richtigen Feld zu lochen, dann rechts das fließende Wasser zur Erfrischung. Trotz des Regens wird das Taschentuch nochmals nassgemacht und erfrischend übers Gesicht gewischt. An den Ständen mit den Getränken und Energielieferanten gehen die Gedanken voraus bis zum nahen Ziel. Nur noch soviel, um den letzten Abschnitt gut zu bestehen, nur was für diese 30 Minuten nötig ist.

Einen Becher Tee und etwas Zitrone. Mehr sollte mich auf den letzten Kilometern nicht belasten. Was jetzt noch kommen konnte, beunruhigt keinen. „Garantiert nur noch fünf Kilometer!", verkündet auch diesmal der Sprecher. Bergauf, bergab – das war klar und alle waren froh, dass es nun bald geschafft ist. Einer neben mir schimpfte angesichts der weiterhin schlammigen Wege, dass es nun doch keinen Spaß mehr mache!

Solche, der Situation angepassten Augenblicksreaktionen wurden natürlich, mitunter in recht herbe Flüche verpackt, des Öfteren ausgestoßen. Aber ich denke, mehr um sich noch einmal so richtig für den Endkampf freizumachen und weniger um so kurz vor dem Ziel zu resignieren.

Es ging also Schmiedefeld entgegen. Der Regen hatte wieder einmal aufgehört und die schützende Jacke konnte ausgezogen werden. Nicht nachlassen, wie bisher weiterlaufen! Dann müsste das Ziel gut zu erreichen sein. Was sind sonst fünf Kilometer? Am Anfang reichen sie, um richtig in Gang zu kommen. Aber jetzt wollen sie kein Ende nehmen.

Ein Stück Straße, der steinige Weg am Kahlschlag, wo links das Wasser zu einem kleinen Bach sich sammelt – oder war das in einem anderen Abschnitt? Auf alle Fälle, wenn der bereits leicht aufsteigende, heute mit Pfützen bedeckte Weg erreicht ist, dann ist auch Schmiedefeld in greifbarer Nähe. Aber der Weg zieht sich lang hin.

Vereinzelt eilen Läufer in merklich schnellerem Tempo vorbei und spielten noch vorhandene Reserven aus. Ich konzentrierte mich auf den letzten Anstieg bis hoch zur Zielankunft.

Jetzt erst einmal auf der Straße die S-Kurve bergab in den Ort hinein und auf dem Gehweg die Kräfte sammeln. Denn der Berg bis zum Ziel sollte ohne Unterbrechung bezwungen werden. Bisher war mir das nur einmal gelungen und zwar bei meinem zweiten Lauf 1982.

Schmiedefeld - gleich geschafft

Ein letztes Mal alle Kräfte zusammennehmen, die Atmung aktivieren und schön gleichmäßig Schritt für Schritt die acht- bis zehnprozentige Steigung 600 oder 700 m lang hoch.

Fast jeder hat den gleichen Vorsatz, aber die meisten sind nach einigen Metern wieder beim Gehen angelangt. Der Berg hat es aber auch in sich. Den Blick auf die Straße gebannt, weiter und immer weiter.

Durch Anfeuerungsrufe erneut ermutigt, versetzte sich manch Läufer erneut für einige zehn Meter in den quälenden Trab bergan. Ich konnte immer wieder vorbeiziehen und spähte ab und zu nach vorn, ob das letzte Schild mit den „noch 300 m" nicht bald zu sehen ist. Eine leichte Kurve, die vielen Zuschauer ließen aber nur erkennen, dass es weiter berghoch geht.

Den anerkennenden Beifall registrierte ich zwar, aber wer von den Zuschauern konnte schon wissen, dass ich den Kampf mit diesem letzten Berg vom ersten Meter an aufgenommen hatte und schließlich siegreich oben ankam.

Der auf mich wartende Heinz hatte sich auf den letzten Metern postiert. Durch ein kurzes Winken und einen Blick gaben wir uns zu verstehen, dass alles in Ordnung ist.

Nicht nachlassen, das Ende des Berges ist in Sicht. Eine Gasse aus Zuschauern geleitet die Läufer in die mit Menschen übersäte Zielankunft. Beifall für jeden, der hier mit beschleunigten Schritten die halbe Runde auf dem ersehnten Platz in Schmiedefeld absolviert.

Obwohl nun schon zum sechsten Mal dabei, ist es immer wieder ein unbeschreibliches Gefühl der Freude, der Genugtuung und auch des Glücks, nach einer derartigen Leistungsprobe hier gut anzukommen. Da ist alles vergessen, was sich auf den 45 Kilometern an Hindernissen in den verschiedensten Formen dem Näherkommen des Zieles entgegenstellte. Es ist geschafft, für jeden sein persönlicher Sieg!

Nach dem Zieleinlauf das übliche Treiben: Die Kontrollkarte für den Computer, die Urkunde für die erfolgreiche Teilnahme einschließlich Anstecker und nicht zu vergessen, den GMR-Stempel „Läufer hat teilgenommen und das Ziel erreicht!"

Heinz erwartete mich mit den nötigen Utensilien zum Wechseln der Kleidung und ich versicherte, dass mich nun nichts mehr auf dem Rennsteig erschüttern könne. Die dreckverkrusteten Schuhe und die bis übers Knie beschmierte Hose ließen nur schwach ahnen, was sich heute auf der Strecke abgespielt hatte. Diese extremen Bedingungen 1986 werden in die Geschichte des Laufes eingehen und alle die dabei gewesen sind, werden mit dem Unterton des Stolzes damit fertig geworden zu sein, darauf verweisen.

Wir gingen zum Auto zurück und ich scheute auch nicht vor den sonst gemiedenen Stufen zum Bahnhof hinunter. Heinz staunte: „Du läufst ja heute, als wäre nichts gewesen!" und hatte dabei sicher andere Bilder vergangener Jahre vor Augen. Dass was gewesen ist, merkte ich schon. Es war aber in der Tat unvergleichlich, weniger problematisch, normal zu gehen. Und das wollte nach fünf Stunden Anstrengung schon etwas heißen. Nur die dreckigen Sachen vom Leibe, ein Foto davon und ab in Richtung Heimat. Das für die Stunde nach dem Lauf mitgenommene Bier schmeckte angenehm und auf einen Imbiss

hatte ich auch bald Appetit. Alles in allem, das Gesamtbefinden war gut und es gab keine Veranlassung, zerschmettert auf den Rücksitzen langzuliegen.
Auch in der Nacht fand ich, entgegen bisheriger Erfahrungen nach solch langen Läufen, einen ruhigen und wohltuenden Schlaf. Nur wenige Andeutungen von Muskelkater an den Tagen darauf waren eigentlich alles, was sich als Nachwirkung des Laufes einstellte.
Kehren wir an den Ausgangspunkt zurück.
Die Frage nach der Ungewissheit infolge eines derartigen operativen Eingriffs, danach, was bei Beachtung aller Umstände und Möglichkeiten machbar sei, sollte damit im Sinne des eingangs genannten Leitgedankens über das Laufen für das Leben beantwortet sein.

Elf und ein halbe Woche reichten schließlich, um zur vollen Leistungsfähigkeit zurückzufinden. Was könnte dafür mehr Beleg sein, als ein gut bewältigter GutsMuths-Rennsteiglauf. Auch wenn es diesmal eine viertel Stunde länger dauerte und nach 5:12:29 Stunden zu Ende war. Dafür gab es Wochen danach auf meinen verschiedenen Trainingsstrecken Bestzeiten und am 30.08.1986 einen mit sechs Sekunden an der Bestmarke vorbeigehenden Friedensmarathon in Berlin.

Zehn Jahre durchlaufen, eine Zwischenzeit

Mehr als ein Drittel der Erdumrundung Jogging in den Beinen, an die hundert durchgehaltener volkssportlicher Laufwettbewerbe, darunter achtmal 45 km auf dem Rennsteig sowie sieben Leistungsproben beim Friedensmarathon in Berlin und vieles andere mehr Ende der 80-er Jahre sollten genügen, um als gestandener Läufer akzeptiert zu werden. Der so manche Erfahrung gesammelt und vieles ausprobiert hat, um im Rahmen der eigenen Möglichkeiten immer sportlich aktiv zu bleiben, am bereits Erreichten anzuknüpfen und um schließlich das Laufen als Lebensspender zu genießen.
Freude an der Bewegung selbst, Beweglichkeit, Leistungsvermögen und Ausdauer sowie positive Wirkungen auf die Gesundheit in einer großen Breite, das sind Werte, die nicht zuletzt das Leben ausmachen und zu den verschiedensten

Anlässen ständig in persönlichen Wünschen ihren Ausdruck finden.

Aber nun wissen wir doch, wie es um Wünsche bestellt ist, wenn man nicht selbst Hand anlegt oder, um bei Thema zu bleiben, nicht sich selbst in Bewegung bringt.

Jeder kann laufen! Das festzustellen, ist keine sonderlich neue Entdeckung. Aber dem Laufen mit leistungs- und gesundheitsfördernder Wirkung legen sich doch, und wer könnte nicht eigne Erfahrungen aus der längst zurückliegenden Schulzeit beisteuern, eine Menge größerer und kleinerer Steine in den Weg. Um sie vor allem für den Beginnenden nicht zu Stolpersteinen werden zu lassen, sollten weitergegebene Erfahrungen dazu dienen, möglichst viele davon aus dem Weg zu räumen.

Und wenn es einmal Steine sein sollen, die ja in der Tat auf der Laufstrecke zu beachten sind, dann mögen es zu gegebener Zeit die vom Rennsteig sein. Das sind Steine, die – wenn man sie als Rennsteigläufer erst einmal unter den Füßen hatte – Flügel verleihen.

Oder weniger bildhaft und dafür allgemeiner als eine erste erlebte Erfahrung ausgedrückt:

Eigene Sporterlebnisse und ganz besonders solche wie das „Laufspektakel Rennsteig" motivieren, setzen neue Ziele und lassen das Herz höher schlagen. Begeisterung erfasst die Teilnehmer, die dann in schwärmerischen Schilderungen möglichst viel von der Einmaligkeit dieses Laufgenusses weitergeben möchten.

Aber bevor derart motivierend wirkende Glanzpunkte gesetzt werden können, das Laufen schon in Fleisch und Blut übergegangen, zum Bedürfnis geworden ist, zum Leben gehört, muss ein bestimmter, nicht zuletzt zeitlicher Aufwand betrieben werden.

Das Problem Zeit. Die einen haben zu viel davon und wissen nicht so recht etwas damit anzufangen, andere zu wenig und kommen somit auch nicht klar.

Wie auch immer, es sind verschiedene Gründe, die uns veranlassen, den uns zur Verfügung stehenden Zeitfonds zu planen, ihn mehr oder weniger rationell zu nutzen. Ihn zu nutzen, um uns mit dem zu beschäftigen, was wir gerne machen, was uns nützt und was uns Spaß bereitet.

Mein 20. Rennsteiglauf

Nach angestrengter Tagesarbeit und den Verpflichtungen, die noch hinzukommen, ist schließlich Entspannung angesagt. Nun kennen alle die große Breite der Varianten, für die man sich entscheiden kann. Interessen, Neigungen, Hobbys usw. werden wirksam.
Und dass hier zunächst solche Beschäftigungen den Vorrang haben, die weniger mit Anstrengung und Überwindung verbunden sind, ist nur zu verständlich. Sie möchten sich erst einmal baumeln lassen. Interesse für den Sport? Dazu antwortet man auch in diesen Augenblicken schließlich mit einem für alle Möglichkeiten offenen: „Ja, natürlich."
Aber nur vor dem Fernsehapparat eingebettet in nachmittags- und abendfüllende Programme mit den Sportseiten in der Hand, ist eben zu wenig. Das dürfte inzwischen eine kaum umstrittene und auch vielerorts akzeptierte Erkenntnis sein. Doch eine, so jedenfalls meine Beobachtung, die noch nicht mit ausreichend Aktivitäten verbunden ist, was wiederum nicht selten dem Hinweis auf „zu wenig Zeit" geschuldet wird.
Tut sich doch die Frage auf, welchen Rang man der eigenen soviel und oft zitierten Gesundheit beimisst. Die Antwort ist mit Sicherheit vielstimmig und laut, die der so Fragende geneigt sein muss zu vernehmen, dass der Gesundheit selbstverständlich erstrangig Bedeutung zukäme!
Zieht man dann noch die ebenfalls hinreichend bekannte Tatsache hinzu, dass Gesundheit durch sportliche Übungen trainierbar ist, wer könnte dann noch anders, als diesen sportlichen Übungen für das Gesundheitstraining gleichermaßen erstrangig Zeit einzuräumen.
Aber derart logisch konsequent – und da liegt das Problem – lässt sich wohl kaum die notwendige Mehrheit erreichen, die sich Zeit nimmt für die Gesundheit, um schließlich Zeit zu gewinnen. Wie sagt doch der Volksmund? „Nimm Dir Zeit und nicht das Leben!"

Nehmen wir es als eine Forderung und zugleich Verpflichtung für jeden, die im Raum steht und noch allzu wenig, wie ich empfinde, bislang als bewusstes Handeln einen festen Platz gefunden hat.

Wie weit die Schere hier nun zwischen Erkenntnis und Tat auseinander geht, mag im Einzelfall recht unterschiedlich sein. Aber fest steht doch, dass sie klafft wie ein in Lauerposition liegender hungriger Krokodilrachen, dessen Gefährlichkeit wohl jeder akzeptieren würde, auch wenn er noch nicht geöffnet ist. Also nicht erst warten, bis die Schere als Ausdruck notwendig gewordener Maßnahmen für die Gesundheit einerseits wie ein mahnender Zeigefinger steil nach oben zeigt und andererseits es mit dem, was man an Aktivitäten dagegen zusetzen vermag, bergab geht. Das Entscheidende muss getan werden, wenn die Schere noch geschlossen ist.

Denn eine geschlossene Schere ist recht ungeeignet an den Erwartungen, die jeder an sein Leben knüpft, herumzuschnippeln.

Da nun das Laufen bereits als Lebensspender im Sinne eines alltäglichen Wohlbefindens qualifiziert wurde, dann ist das ein Ausdruck und Beleg dafür, dass mit dieser Art Sport zu treiben, erreicht werden kann, konditionell für alle Anforderungen des Lebens gut gerüstet zu sein.

Stresssituationen, wie sie nun mal nicht zu umgehen sind, besser zu bewältigen und zu verkraften, gesundheitlich sich stabiler zu fühlen, Anforderung an körperliche Arbeit nicht mit dem Hinweis auf die eingeschränkte Gesundheit zurückweisen zu müssen und schließlich Fragen nach dem persönlichen Wohlbefinden ohne Wenn und Aber positiv zu beantworten.

Die optimistische Grundhaltung erfährt einen Aufschwung. Man fühlt sich in einem bestimmten Maße seinen Mitmenschen überlegen, bis hin zu solchen profanen Dingen, wie den großen Einkauf ohne Atemnot in die oberen Etagen zu befördern und morgendlichen Zeitmangel durch ein wenig Tempozulage auf dem Weg zur Arbeit auszugleichen, sofern die Füße überhaupt bemüht werden.

So sehe ich mich nach mehr als ... nun, ich muss es nicht wiederholen. Das sind die eigenen Erkenntnisse, die es wert sein sollten, wenn auch nur kurz angerissen, herausgehoben zu werden. Sozusagen als Ziel des Sports für die Gesundheit.

Aber angeboten waren ja die Meilensteine des Weges und die auf diesem Wege gemachten eigenen Erfahrungen.
Nun sind ja Meilensteine dazu geeignet, die zurückgelegte Strecke zu messen und noch zu Bewältigendes abzuschätzen. Sie bieten sich aber auch an, um bilanzierend zu verschnaufen und Vorschau zu halten.

Gabi rastet

Da hat man sich nun niedergelassen auf einem vor dem Ersten dieser Steine.
Zu bilanzieren gibt es noch nichts, drum geht der Blick auf die Kilometer, die nun Laufstrecke werden sollen und bestärkt sich nochmals in seinem Vorhaben: „Ich will...!"
Dennoch. Nur nicht gleich aufspringen und lossprinten. Denn dieses Wollen braucht ein solides Fundament und muss wenigstens mit allgemeinen Kenntnissen, wie sie vielfach zum Laufen in Publikationen angeboten werden, untermauert sein.

Eine erste Begeisterung oder oberflächliche Einsicht reichen erfahrungsgemäß nicht aus, um sich schrittweise eine dem Gesundheitstraining angemessene Regelmäßigkeit zu eigen zu machen. Nicht nur die heute anvisierten Kilometer sind gefragt sondern vielmehr die der nächsten Wochen, der nächsten Monate und Jahre.

Es ist kein Einzelfall, wenn ich von derart Beobachtungen berichte, dass sportlich völlig unbelastete Leute, von irgendwelchen Einsichten oder Ratschlägen getrieben, beginnen zu laufen. Alle Achtung! Mehrmals in der Woche, über einen bestimmten meist kürzeren als längeren Zeitraum und dann nicht mehr. Offensichtlich nahmen die Pfunde nicht so schnell ab, wie an Willen und systematischer Durchführung hätte zugelegt werden müssen, um schließlich die bereits erwähnte angemessene Regelmäßigkeit als Mutter des Erfolgs zu erlangen.

Worum geht es? Ich sehe das so:

Man sollte schon wissen, warum man etwas tut und auch wissen, wie dieses etwa anzupacken ist. So gesehen, geht es um die Frage des Motivs und den Weg zur Verwirklichung, aber auch um das eigene aktive Verhältnis - und wir sind beim Lauf – zum ausgewählten Sport. Und ich meine, dass sich hieraus schon ein solides Fundament fügen lässt, was schließlich auch auf lange Sicht die Regelmäßigkeit mit tragen kann.

Ein Fundament, das aber nicht für alle Zeiten gegeben ist, sondern ständig lebendig gehalten werden muss. Und hierzu einige Tipps aus den gesammelten Erfahrungen, wie man sich mit scheinbaren Kleinigkeiten fast unauffällig selbst stimulieren kann, um immer wieder die aktive Einstellung zum Laufen wach zu halten. Als Erstes und als solches auch recht unkompliziert: Führen Sie ein Trainingstagebuch!

Und ich meine damit, schreiben Sie auf, welcher Umfang im Training absolviert wurde, wie viel Kilometer Sie zurückgelegt haben und wie viel Zeit dafür nötig war. Ergänzen kann man diese Notizen mit Anmerkungen zum persönlichen Befinden und eventuell über extreme Witterungsverhältnisse.

Ich handhabe das so praktisch seit den ersten Laufversuchen als Ausdauerläufer.

Für mich sind diese wenigen Aufzeichnungen in einem Taschenkalender eine ständige Kontrolle im Vergleich zu den selbst abgesteckten Zielen im Vergleich zu zurückliegenden Zeiträumen und sie veranlassen zu Gedanken über die eigene läuferische Tätigkeit in den verschiedensten Richtungen.

Man beschäftigt sich mit dem Laufen nicht nur im Schweiße seines Angesichts, sondern auch mit weniger Anstrengungen in ruhigen Minuten. Und darum geht es. Aus diesen besinnlichen Momenten Kraft zu schöpfen für das, was man erreichen will. Also, ein wenig Statistik darüber, wann wie viel und wie lange gelaufen wurde, sollte mit am Anfang stehen und den Läufer auf seinen Wegen begleiten.

Nun wird ja oft der Statistik anhaftende trockene Theorie nachgesagt. Nicht so in diesem Fall, wenn ich mich mit den festgehaltenen Daten beschäftige.

Da werden die Zahlen lebendig und deshalb bleibt es nicht bei dieser knappen Tagebuchführung.

Es entstehen von Zeit zu Zeit weitere Übersichten, die eine Anregung wert sind.

Aber der Reihe nach und als erstes die bereits erwähnten Tagebuchaufzeichnungen.

Ein Beispiel:

Es war ein Karfreitag. Auf dem Plan stand die gut 17 km lange Strecke über die Wege im Park Sanssouci. Das Wetter zeigte sich kühl, regnerisch und sehr windig, sodass ich je nach der gelaufenen Richtung mit diesen Widrigkeiten zu kämpfen hatte oder der schiebende Wind half, das Tempo zu forcieren. Die wenigen Parkbesucher waren nicht besser dran. Auch sie ließen sich vom Wetter nicht schrecken. Zugegeben bei Sonnenschein ist es leichter, von Spaß zu reden. Dennoch war er auch an diesem Tage dabei, nicht zuletzt wenn der Ausgangspunkt, noch gut bei Kräften und nach akzeptabler Zeit, erreicht ist.

Soweit eine kurze Skizze dieses Trainings, die als knappe Tagebuchnotiz dann so aussieht:

> kühl, regnerisch, Wind
> 17 + 1 km   1:27 Std. 473 km

Hier ist die erste Zahlenangabe der Streckenlänge, wobei für mich mit dem Zusatz + 1 die gewählte Streckenführung erkennbar ist. Es folgt die benötigte Zeit. Sie veranlasst zum Vergleich mit dem Lauf von vor drei Tagen mit dem zusätzlichen Vermerk „es ging schwer" und macht das kleine Formtief vergessen. Und schließlich die dritte Zahl: Das sind die kumulativ in diesem Jahr bis kurz vor Ostern gelaufenen Kilometer, die nach jedem Lauf in dieser Art fortgeschrieben werden.
Die Zahlen sind nun notiert, man beginnt im Kalender mit den Eintragungen zu blättern und macht sich so seine Gedanken:

In den ersten drei Monaten mehr als 500 km gelaufen, das gab es bisher noch nie, ebenso über 200 km in einem Monat und 68 km in dieser Woche. Das ist Spitze.
Seit Jahresbeginn dreimal wöchentlich kontinuierlich zu laufen und das mit zunehmend längeren Strecken bringt Kilometer, hoffentlich auch die nötige Form zum Rennsteiglauf in zwei

Monaten. Das ist jedes Jahr in dieser Periode das Ziel, auf das sich die Gestaltung des Trainings ausrichtet.

Soviel zum Ersten. Läuferische Aufzeichnungen regelmäßig notiert und zur Selbstkontrolle auch oft zur Hand genommen. Eine weitere Sache, die zur Bewertung des Trainingsumfangs sowie der Intensität nützlich sein kann. Wie auf vielen anderen Gebieten üblich, so nimmt man sich für das Laufjahr auch bestimmte Ziele vor und kontrolliert am Jahresende und dann über die Jahre, wie es mit der Erfüllung bestellt ist.

Die Gesamtkilometer sind wie von einem Kilometerzähler lauftäglich aus den Kalendernotizen zu erfahren.

Ebenso interessieren die in einem Monat absolvierten Kilometer und schließlich am Jahresende die Aufrechnung aller Laufaktivitäten in verschiedensten Richtungen, was über die Jahre zu einigen Zahlen aggregiert, in meinem Fall folgende Tabelle ergab:

Trainingsumfang und Intensität in den Anfangsjahren
(gesamt und im Durchschnitt)

Jahr	km im Jahr	alle Läufe	km Ø pro Lauf	km Ø Woche	Anzahl Wettk.	Woche o. Lauf
1977	460	49	9,4	8,9	0	0
1978	565	53	10,7	10,7	1	4
1979	922	81	11,4	17,7	2	3
1980	1025	94	10,9	19,7	9	3
1981	1267	106	12	23,9	13	1
1982	1544	124	12,5	29,1	14	1
1983	1320	119	11,1	24,9	10	5
1984	1458	117	12,5	27,5	13	5
1985	1230	109	11,3	23,2	8	6
1986	1180	102	11,6	22,7	8	10
1987	1466	119	12,3	28,2	8	1
1988	1400	115	12,2	26,9	7	4

Der dargestellte Trainingsumfang ist die eine Seite. Andererseits interessiert schließlich, welche Ergebnisse damit erreicht werden konnten. Und weil man sich gern an den extremen Belastungen misst, seien auch hier Burgenlauf, Rennsteiglauf und Marathon die Beispiele der Leistungsfähigkeit in der Tabelle:

Laufzeiten 1978-1988

Jahr	Burgenlauf		Rennsteiglauf		Marathon	
	km	in Std.	km	in Std.	km	in Std.
1979	25	02:13:24	0	0	0	0
1980	25	02:15:15	0	0	0	0
1981	25	02:07:10	45	05:16:24	0	0
1982	25	02:05:45	45	05:10:15	42,195	03:50:01
1983	25	02:11:11	45	05:05:08	42,195	03:52:57
1984	25	02:05:00	43	04:59:26	42,195	03:55:40
1985	25	02:06:11	43	04:56:09	42,195	03:52:57
1986	25	02:07:06	44,8	05:12:29	42,195	03:50:07
1987	25	02:06:25	44	04:51:00	42,195	03:51:10
1988	25	02:06:51	44,4	04:54:43	42,195	03:48:16

Bei Allzunah. Gleich geht's wieder hoch ! 1999

Der Zuspruch zu diesen Läufen drückte sich natürlich auch in den Teilnehmerzahlen aus.

Zum Burgenlauf kamen bis zu 555 (1987). Auf der sogenannten kurzen Strecke auf dem Rennsteig näherten sich die Teilnehmer der Grenze von 6.000 (1984: 5.852).

Der Friedensmarathon startete 1982 mit 312 und hatte 1988 1.055 Teilnehmer.

Und die mit den vorgenannten Zeiten in diesen Läuferfeldern zu erreichende Platzierung bewegte sich meist am Ende des zweiten Drittels, sowohl in der Altersklasse als auch in der Gesamtwertung.

Noch einmal Marathon

Die Tabelle „Laufzeiten 1979 – 1988" weist den Marathon 1988 mit 3:48:16 aus.

Zurückblickend nun die Feststellung, dass dieses Ergebnis das Beste bleiben sollte, was auf der Marathonstrecke zu erreichen war. Und weil das so ist, möchte ich die in den „gesammelten Werken" bislang verborgenen und nun ausgegrabenen Notizen zum 88-er Lauf in Berlin dem interessierten Läufer, der interessierten Läuferin nicht vorenthalten.
Lauferlebnis und sachliche Dokumentation vom 4. September 1988 in Berlin – laufen Sie einfach mit: (Nur zur Erinnerung Jahrgang 37, jetzt 51) 42,195 km in 3:48:16!
Am Start leichter Regen, der mehr angenehm als störend empfunden wurde und nach fünf Kilometern aufhörte. Danach bewölkt und die zweite Hälfte bei Sonnenschein bis zum Ziel, optimale Voraussetzungen für einen guten Lauf.
Die Vorbereitung war erst ab Mitte Juli mit drei Läufen und einem Umfang zwischen 45 und 55 km pro Woche etwas intensiver. Die lediglich sechs Trainingseinheiten in diesem Zeitraum über 20 km vermittelten aber ein gutes Gefühl. Mit fünf Minuten pro Kilometer diese Strecke durchzulaufen, war kein Problem. Und so ging es auch los.
Gemeinsamer Start zum Marathon oder über 20 km. Zügig im Pulk mit, aber bitte nicht schneller als die Marathonläufer in der Masse der zahlenmäßig stärker vertretenen 20km-Läufer (3.102 im Ziel). Dennoch 24:30 für die ersten fünf Kilometer. Gleichmäßig weiter bis zur Marke 10 und mit 49:40 noch unter 50 Minuten.
Die mehrfach eingefügten und zu laufenden Schleifen werden als unangenehme Streckenführung empfunden. Erst bis dort hinten laufen und dann auf der anderen Straßenseite wieder zurück.

Man muss zur Kenntnis nehmen, wer da vor einem läuft und dass das ganz schön viel sind.

Kurz vor der Brücke sind 15 km geschafft. Die Uhr zeigt 1:14:50, also immer noch gleichmäßiges flottes Tempo und so der Marke 20 entgegen. Hier lichtete sich das Feld. Die „Kurzstreckenläufer" dürften zum „Ziel 20 km" abbiegen.

Teils beschleunigt, manch einer aber auch schweren Schrittes, der ersehnten Linie entgegen.

Die flotten Rhythmen in der Karl-Marx-Allee gingen in die Beine. Zuschauer waren auch da. 20 km, wie geplant in 1:40:10, also ein Schnitt von fünf Minuten pro Kilometer.

Wieder die ungeliebte Schleife, jetzt in einer Gruppe, die sich zusammengefunden hatte. Man tauschte sich aus, was am Ende raus kommen sollte. Zwei davon wollten 3:40 bis 3:50 laufen. Ja, bis jetzt konnte man zuversichtlich sein. Aber die 2:07 am Punkt 25 waren schon ein Hinweis, dass es ein wenig langsamer wurde.

Es lief noch gut, doch die zurückgelegte Strecke macht sich zunehmend bemerkbar. Das zeigte sich besonders in der weiteren Schleife ein wenig ansteigend, wo ich bereits zurück laufend Hans Jirschik etwa 200 m vor mir entdeckte. Das ist einer aus der Potsdamer Laufgarde, eine Altersklasse jünger, Rennsteig erfahren, immer gut für einen Leistungsvergleich, zumal seine Schrittlänge gut zu der meinen passt.

Am Versorgungspunkt nach 30 Kilometern hatte ich ihn eingeholt, lief vorbei und setzte mich ein Stück ab. Er kam wieder ran und die Positionen wurden getauscht. Jetzt musste schon einiges an Willen aufgebracht werden und ein passender Vordermann kam da gerade recht, besonders in der Karl-Marx-Allee, wo der Gegenwind zusätzlich an den schwindenden Kräften zehrte.

Der Kilometer 35 war nach 3:03 Stunden erreicht. Wir liefen immer noch für unsere Verhältnisse ein flottes Tempo mit guten unter sechs Minuten pro Kilometer und das jetzt gemeinsam. Aber ich merkte schon, dass sein gleichmäßiger Lauf an die Grenze meiner Möglichkeiten ging, obwohl bei den vorangegangenen Positionswechseln mir sein Tempo immer nicht ausreichte.

Das Schild „37 km" signalisierte: nur noch fünf Kilometer bis zum Ziel, 3:16 als Zwischenzeit kurz vor der Fußgängerbrücke mit der kleinen Anrampung und dem ansteigenden Brückenbogen, keine 50 Meter lang.

Das war der Punkt, der uns wieder trennte. Ich hatte nur die untere Kante dieses kleinen Huckels im Blick, der nach so langer Strecke schon als zu bewältigender Anstieg eingestuft wird. Bis dort hin und dann ein paar Schritte gehen, hämmerten die Signale von den Beinen im Kopf. Ein kurzes Verschnaufen in der nicht so anstrengenden Gangart bis zum Scheitelpunkt der Brücke.

Also, die paar Schritte bis hoch gehen. Verhaltener Beifall von den Beinen!

So hatte ich zwar meine Verschnaufpause nun aber keinen Laufpartner mehr. Ich war oben, er aber ohne Gehpause schon wieder unten.

Ich lief auch gleich weiter, dennoch, der Schwung nach unten reichte nicht, um die Lücke zu schließen.

Der Abstand zwischen uns wurde kontinuierlich größer. Nun allein unterwegs. „Unter den Linden" konnte ich so die Aufmerksamkeit der doch noch vielen Zuschauer nur für mich in Anspruch nehmen. Der „Alte Fritz" hoch zu Ross sah da eher hochherrschaftlich und weniger interessiert die Linden hinunter.

Der aufzubringende Wille für das Weiter, immer weiter war an der Grenze des Möglichen.

Die letzte Versorgungsstelle ist erreicht. Von jedem etwas, vor allem trinken. Mit dem Schwamm voll Wasser über Gesicht, Nacken und den ganzen Kopf erfrischen. Auch die Beine verlangten nach dieser Kühlung mit vermeintlicher Belebung von Reserven.

Die Zuversicht, die bisherige Bestmarke zu unterbieten, war noch real.

Die Abschnitte, die man in den Blick nahm, wurden immer kürzer: Jetzt bis dort, dann um die Kurve usw. Am Palast der Republik bekannte Stimmen aus der Zuschauermenge. Eberhard Häneke, er hatte seine 20 km (1:46:42) schon hinter sich, und Frau Gerlinde, einst Mitbewohner des gleichen Hauses in Potsdam-Bornstedt, sorgten mit ihrem Zuruf einen kleinen Moment für noch mögliche Mobilisierung des abgeschlafften Körpers. Es wurde immer schwerer. Strausberger Platz, die Fontänen sind in Sicht.

500 Meter mindestens noch bis dahin. Am Rondell einige Schritte gehen, um letzte Kraft zu schöpfen, ein paar kurze Kurven und der ersehnte Zieleinlauf: 3:48:16 zufrieden! Geschafft und nur einfach zufrieden.

Die angebotene Massage ist mir eher als eine schmerzhafte Prozedur in Erinnerung. Aber sie half beim jetzt gefragten ganz normalen Gehen. Am Abend ging es mir schon wieder so gut, dass ich problemlos die Treppe runter und wieder rauf (4. Etage) bewältigen konnte. Auch der nächste Tag verlief normal. Bis auf die nötige Regeneration kein Problem.

Mein zeitweiliger Laufpartner Hans konnte noch 2:29 Minuten gut machen und war mit 3:45:46 im Ziel.

Das Laufprotokoll mit dem jeweils kurzen Blick auf die eigene Uhr ergibt zusammengefasst folgendes Bild:

	Min./Teilstrecke	Zw.-Zeiten
5 km	24:30	24:30
10 km	25:10	49:40
15 km	25:10	1:14:50
20 km	25:20	1:40:10
25 km	26:50	2:07:00
30 km	27:30	2:34:30
35 km	28:50	3:03:00
37 km	13:00	3:16:00
42.195 km	28:50	3:48:16

In der Gesamtwertung ist das

Platz 732 von 1.055

In der Altersklasse 50 – 54

Platz 62 von 92

So nachzulesen im Ergebnisheft „Marathon und 20 km · Alle Resultate".

Und wenn man eine solche Liste in der Hand hat, stellt sich unausweichlich die spannende Frage: Wer ist denn von denen aus dieser Liste, die man im Laufe der Zeit im Altersklassenumkreis kennengelernt hat, heute, 20 Jahre danach, noch auf den Laufstrecken unterwegs?

Bei den „Jüngeren" sehe ich Horst Fries (4:11:13) aus Forst und Bruder des Potsdamer Läuferurgesteins Tom Fries, der in der Liste für 20 km zu finden ist (1:38:36). Hartmut Böhm (4:21:20), Berlin. War 2009 beim Marathon auf dem Rennsteig anzutreffen. Klaus Engemann (4:27:30), Stockhausen. Beim Rennsteiglauf seit Jahren mit Sachsenfahne in grün-weiß unterwegs. Eberhard Bader (3:40:39), Berlin. Ein weltreisender in Sachen Marathon und verantwortet heute den Vertrieb der „Laufzeit" und nicht zuletzt Bernd Koletzki (3:57:21), Berlin, heute Hangelsberg. Unsere gemeinsame Rennsteigtradition geht auf das Jahr 1993 zurück und der Start beim Marathon war eher ungewollt. Und das kam so, wie später zu erfahren war:

Als ausdauersportlich vielseitig Aktiver aber noch „Marathonverweigerer" beschränkt sich sein Ehrgeiz darauf, beim Friedenslauf 1988 die 20 km zu laufen. Bei der Startnummernausgabe wurde er aber mit einer Startnummer (1333) für den Marathon überrascht. Gemeldet hatte, alle die laufen wollten, seine Sportgemeinschaft. Ob in herausfordernder Absicht oder versehentlich konnte nun nicht die zu klärende Frage sein. Gemeldet ist gemeldet, dann eben Marathon und nicht: Wer hat das verbockt?

Die Wege zu einem Marathon sind halt nicht alle gleich und manchmal ungewöhnlich. Wie man sieht, man muss sich nicht für „Von Null auf 42" bewerben, es geht auch anders.

Ab 2007 in der Altersklasse M70

Die Jahre vergehen, die Altersstufen nach Wettkampfordnung gehen mit und ein Wechsel in die nächsthöhere Altersklasse veranlasst zu einer Bestandsaufnahme, einer Rückschau.

Das Gefühl, flott laufen zu können, ist noch vorhanden. Auch wenn bei den zu erreichenden Zeiten Abstriche zu akzeptieren sind und im Verlauf der M65 schon einige zehn Minuten auf den langen Strecken ausmachen. Dennoch, der Vierstundenbereich beim Marathon war und ist erstrebtes und bisher auch erreichtes Ziel. Mehr Zeit gebraucht, aber in der Platzierung zugelegt.

Beim Berlin-Marathon 2006 (4:48:29) lief die Hälfte der M65-iger nach mir über die Ziellinie und von allen, die das Ziel erreichten, war gut ein Fünftel hinter mir.

Manch Läufer, mach Läuferin – oft mehrere Altersklassen jünger – fand Gefallen an meinem gleichmäßigen Tempo im Bereich der sechs Minuten pro Kilometer. Fragte nach dem Alter und staunte mit zweifelnder Erwartung an die eigenen Möglichkeiten, dann noch so dabei zu sein.

Regelmäßiges Lauftraining, dreimal in der Woche, 1.600 und mehr Laufkilometer im Jahr. Nun schon mehr als 25 Starts beim Marathon auf dem Rennsteig und im Ehrenbuch des Laufveranstalters eingetragen.

Mit zehn mal 42,195 km seit 1990 in Berlin in den Jubilee-Club des Berlin-Marathons hineingelaufen und solange die Beine tragen mit der ständigen Startnummer 1503 ausgestattet.

Zum ersten Mal in Potsdam einen Marathon gelaufen, die Europameisterschaft der Senioren 2002 in Potsdam und mit 4:17:47 als 29. in der Altersklasse M65 beendet.

Ein Meniskusschaden zwang mich auf den OP-Tisch, was aber nicht daran hinderte, 2003 ein verrücktes Vorhaben in die Tat umzusetzen. Erhard Bader hatte die Idee und den Ehrgeiz, beim grenzüberschreitenden Staffellauf Zielona Gora-Cottbus (100 km) als älteste Mannschaft anzutreten, möglichst alle über 65 Jahre alt, vier Männer und eine Frau musste dabei sein.

Die Oldies vor dem letzten Wechsel

Und das waren sie dann als die Oldies vom Laufclub „Ron Hill": Günter Zedel (68, Berlin), Gisela Varrelmann (65, Berlin), Manfred Jente (66, Töplitz), Bernd Koletzki (65, Hangelsberg) und Inspirator und Organisator Erhard Bader (70, Berlin) mit gesamten 334 Jahren, die nach jeweils dreimal vollen Einsatz für die 101,6 km 8:49:02 Stunden benötigten. Das sind im Schnitt 5:12 Minuten pro Kilometer. Für „alte Leute" doch ein flottes Tempo und der 64. Platz zeitgleich mit der wesentlich jüngeren Mannschaft der Landespolizei Havelland. 100 km und fünf Leute, die sich 15 Etappen unterschiedlicher Länge teilten ist etwas Besonderes, war eine neue Erfahrung und deshalb keine einmalige. Mit wechselnder Besetzung folgten prompt drei weitere Starts in den Jahren danach.

Ab 2007 in der Altersklasse M70 und das mit dem Auftakt wie schon seit Jahren am Sonntag nach Neujahr beim Caputher-See-Lauf. 10,4 km oder mit einer Runde 5,2 km als Wertungslauf im Sparkassencup sind im Angebot. Reichlich 500 Teilnehmer, die Läuferfamilie aus der näheren aber auch ferneren Umgebung von Potsdam, man kennt sich und wünscht alle Gute für das neue Laufjahr.

Aber wo sind die Mitstreiter der nun M70? Ernst Schindler entdecke ich, der sich auch für die zwei Runden entschieden hat. Erinnerungen werden ausgetauscht. 1982 beim Burgenlauf in Belzig über 25 km, wo er und sein Bruder Georg auf dem letzten Straßenabschnitt meinem Finish nichts mehr entgegen setzen konnten. Heute sieht es anders aus. Er ist der Siegläufer in unserer Altersklasse, so auch beim Auftakt in Caputh. Meine 57:28 Minuten reichten für den dritten Platz. Das war nach zwei gleichmäßig gelaufenen Runden 10 Sekunden schneller als im vergangenen Jahr.

Apropos vergangenes Jahr (2006). Volker Schlöndorff, der bekannte Filmemacher war auch nach Caputh gekommen. Wir begrüßten uns und waren einig, mit diesem Lauf richtig ins Neue Jahr zu starten.

Gemeinsam gelaufene Kilometer zu diesem Termin auf dieser Strecke brachte uns die persönliche Bekanntschaft ein.

In der letzten Runde waren wir wieder zusammen. Die Frage nach dem Alter hatte ich schon mal beantwortet. Ich erfuhr, dass er zwei Jahre jünger ist und er hoffe, in zwei Jahren (ich darf annehmen, dass er mich meinte) auch noch so dabei zu sein.

Der Weg am See wurde schmaler. Läufer vor uns bremsten uns aus. Er überholte schließlich, ich kam nicht gleich vorbei und schon war eine Lücke entstanden, die er nutzte, um mit sicherem Vorsprung vor mir im Ziel zu sein. Dann aber gleich das freundliche Abklatschen mit der Bemerkung: „Soviel Ehrgeiz muss sein!". Das sind Erinnerungen, die man nicht vergisst.

Das nächste Ziel sollte nun am 24. März der Wildpark-Lauf sein. Neben den kürzeren Strecken konnte auch mit vier 5km-Runden ein Halbmarathon gelaufen werden und dem galt jetzt das Training. Die bevorzugte Strecke in dieser Zeit sind meist die 13 km und einige 15km-Einheiten (5 mal) dem Fahrradrundkurs der Insel Töplitz folgend, verteilt auf drei mal in der Woche. Seit einem Jahr ergänzt durch ein Ganzkörpertraining „Bauch, Beine, Rücken" jeweils eine Stunde am Dienstag, um dem Nachlassen im gesamten muskulären Bereich entgegen zu wirken.

Der Wildpark-Lauf ist ein unkompliziert organisierte Veranstaltung, die ich gern als Trainingswettkampf nutze. Wettkampf hat man nur in den ersten beiden Runden mit den Läufern auf den kurzen Strecken, die für ihren Zieleinlauf und auch sonst die letzten Reserven aufbieten, um vor der ersehnten Ziellinie noch einige Sekunden gegenüber meiner Zwischenzeit (ihre Endzeit) gut zu machen. Die letzten beiden Runden allein im Wald. Ab und zu Spaziergänger. Dieter Franke, nach seinen 10 Kilometern schon auf dem Heimweg, konnte es nicht lassen, mitfühlend mir nachzurufen, dass er schon mal Mittagessen gehe. Zwischen Kilometer drei und vier eine von Holztransportern vollkommen zerfahrene und unter Wasser gesetzte Wegstrecke, die von Runde zu Runde schließlich vier Kilometer lang wurde.

Meine gleichmäßige Zeiteinteilung ließ mich bei Rundenzeiten zwischen 31 und 32 Minuten nicht im Stich, was auch der Veranstalter bei meinem Zieleinlauf anerkennend bemerkte und mir die Urkunde für den zweiten Platz in 2:12:29 Stunden überreichte.

Dieser Halbmarathon war nun auch der Auftakt dafür, um jetzt über die längeren Strecken zu gehen, wie die 15 km, die

Inselumrundung mit 18 Kilometern oder meine längste Strecke, die 23 km über Leest und Wublitz-Brücke, am Zernsee entlang in Richtung Werder an der Havel und wieder zurück.
Als nächster Termin im Laufkalender galt die Aufmerksamkeit dem RBB-Lauf am 22. April mit dem Drittelmarathon von der Glienicker Brücke weg quer durch Potsdam, um schließlich wieder auf der Brücke viel umjubelt durchs Ziel zu laufen. Die annähernd 3.000 Teilnehmer sorgen für ein Läuferfeld aller Leistungskategorien. Man hat immer jemand vor, hinter und neben sich, kann mitlaufen oder überholen. Trifft Bekannte nicht nur bei den Läufern sondern auch bei den weniger Aktiven aber Interessierten am Rande der Strecke. Bei Kilometer 10 kam unser ehemaliger Trainingspartner Erik Vogel heran gelaufen. Wie geht' s, wie steht' s und weiter. Einige Zeit konnte ich ihm auf Sichtweite folgen, kam aber nicht mehr ran.
Gleichmäßiges Tempo, in Babelsberg Höhenmeter verkraften, wieder runter über die kleine Brücke, Glienicke, Kopfsteinpflaster, Schloss Glienicke und dem dicht umlagerten Ziel entgegen. 14,065 km in 1:21:07 Stunden, 14 Sekunden langsamer als 2006 und 5. Platz von 22 in der Altersklasse M70. Aber in der Gesamtwertung als 1569. im Ziel von 2502. Bleibt festzustellen:
Beim Drittelmarathon blieb reichlich ein Drittel hinter mir.

Nach dem Töplitzer Insellauf 2008

„Mitte Mai ist Rennsteiglauf", so wird seit Jahren für Europas größten Geländemarathon geworben. Es bedarf aber schon lange nicht mehr dieses Hinweises. Jahr für Jahr bestimmt dieser Termin das zu absolvierende Laufpensum. Obwohl die im Lauftagebuch notierten Kilometer gut aussehen, fehlt es in diesem Jahr im April und Mai an der nötigen Anzahl längerer Läufe. Nur jeweils dreimal über 18 und 23 km. Auch der Töplitzer Insellauf bot diesmal keinen Halbmarathon, sondern nur die 6,7 km. Das veranlasste eingeweihte Kreise, Wetten in Erwägung zu ziehen, ob ich wegen der Kürze dieser Strecke laufe oder nicht laufe. Aber ich bin gelaufen. Als Wertungslauf im Sparkassencup waren die Punktejäger am Start und den 7. Platz mit 37:36 Minuten hinter diesen muss man nicht unter „ferner liefen" abtun.

Seit 2008 läuft die Sache wieder anders. Der Halbmarathon ist wieder wie die vielen Jahre zuvor im Programm und bietet so manchem Rennsteigläufer eine letzte Wettkampfmöglichkeit zum Test für die große Aufgabe. Und damit jetzt zum Rennsteiglauf 2007.

Nach dem kurzen Insellauf am Dienstag danach 23 km und samstags noch 18 km nachgeschoben. In der Wettkampfwoche zweimal 5 km und am Freitag das nun schon seit Jahren übliche Prozedere:

Gegen 10.00 Uhr ab in Richtung Neuhaus am Rennweg, 14,00 Uhr die Startutensilien holen. Schauen, wer schon da ist.

Ernst Schindler vom Potsdamer Lauf- und Wanderverein (Rehbrücke) mit Familie steigt aus dem Auto. Herzliche Begrüßung, Erinnerung an alte Zeiten. Sie ahnen es, Burgenlauf 1982 und die Frauen sind sich schnell einig, dass die nun 70-jährigen doch bald etwas kürzer treten sollten.

Oliver Böhm kam uns wie eh und je entgegen. Man hätte wetten können, dass es heute wieder so sein wird. Fotos am bereits fix und fertig hergerichteten Start.

Ein kühler Wind streifte über den leeren Platz, den morgen an die 3.000 Laufbesessene füllen werden.

Noch ein Blick in die GutsMuths-Halle, am Souvenirstand das aktuelle T-Shirt gekauft, sonst würde ja eins in der Sammlung fehlen. Klaus Engemann, die grün-weiße Fahne wieder im Gepäck, schaut sich auch um. Ihm ist von seiner Frau mit auf

den Weg gegeben worden, nicht wieder …, der Stapel ist schon groß genug.
Die Wohlgerüche von frischem Backzeug erleichtert die Zufuhr von reichlich Kohlenhydraten am Stand eines einheimischen Bäckers, bevor es dann zum Quartier nach Oberhof ging, einer Ferienwohnung im „Bobhaus" bei Familie Dittmann.
Christa und Bernd waren schon da, Marlene und Lutz kamen etwas später. Dagmar und Erhard werden morgen noch dazu kommen. Essen, trinken und ein Stündchen noch zusammensitzen. Rucksack packen und ab ins Bett. Die Frauen hatten für die 15km-Wanderung von Oberhof nach Schmiedefeld gemeldet. Bernd, Erhard und Lutz starten beim Halbmarathon um 7.30 Uhr und meine Nacht war bereits um 4.45 Uhr beendet. Der Bus zum Start fährt 6.10 Uhr.

Immer auf einer Wanderstrecke: Gabriele Jente

In Neuhaus angekommen ist noch über eine Stunde Zeit bis 9.00 Uhr. Die GuthsMuths-Halle füllt sich langsam. Eine Mischung von angespannter Erwartung und gelangweilter Gelassenheit, von penibler Startvorbereitung und zweifelnder Geschäftigkeit hinsichtlich der richtigen Entscheidung zu allem was wichtig werden könnte, ist zu beachten. Die üblichen Gespräche über die Vorbereitung und was man sich vorgenommen hat.

Meine Ziele halten sich in den Grenzen der Vorjahre. 5:45 wären gut, 5:30 allerdings besser. Und so ging es los. Anfangs auf der Straße ganz prima, bergab sowieso und schon fand ich mich im Schlepp des 5-Stunden-Zielzeitläufers wieder. Kein Problem um mitzulaufen, aber am Berg bei Limbach (9 km) ließ ich den Pulk um diesen ziehen. Es folgte der übliche Ablauf. Bis Masserberg (18,5 km) geht es. Den Versorgungspunkt Neustadt zu erreichen, macht schon Mühe. In den Anstiegen auf Dreiherrenstein zu pirschte sich der Zielzeitläufer 5:30 heran und vorbei, was mir nicht so recht gefiel. Aus der geheimen Hoffnung 5:30 wird es wohl nun nichts, aber 5:45:13 sind auch in Ordnung.

Lediglich 56 Sekunden mehr als im Vorjahr. Mit Platz 2.413 blieben 784 hinter mir, 28. von 41 in der M70.

Gabi hatte ihre 15 km auch gut überstanden und erwartete mich im Ziel.

Der strapazierte Körper strahlte seine Signale in alle Richtungen aus, aber mehr auch nicht.

Urkunde holen, kleine Versorgung mit Getränk und Nudelsuppe, noch Zielatmosphäre genießen und schließlich zum Pendelbus nach Oberhof. In Oberhof angekommen meinte Gabi, noch Kuchen für den Sonntag holen zu müssen. Mir stand aber nicht der Sinn nach diesem kleinen Abstecher und bevorzugte den direkten Weg zum Bobhaus.

Es muss wohl meine nicht mehr so flüssige Gangart gewesen sein, die Entgegenkommende veranlasste mehrfach zu fragen, ob gut gelaufen, welche Zeit und um Glückwünsche quer über die Straße zu rufen.

In Thüringen weiß eben jeder, heute war Rennsteiglauf.

Nur zwei Wochen bis zum Potsdamer Schlössermarathon am 3. Juni. Eine Woche regenerieren auf dem Fahrrad, Sonntag schon mal 18 km laufen, Mittwoch locker 10 km mussten reichen für den Halbmarathon.

Nach vielen anderen Varianten ab jetzt Start und Ziel im traditionsreichen Stadion Luftschiffhafen. Die Strecke bietet Straßen, Wege durch Parks und am Wasser sowie die namensgebenden Sehenswürdigkeiten. Peter, mein sonntäglicher Trainingspartner, war mit von Partie. Thomas Schwarzer hatte mir sein Kommen telefonisch wissen lassen.

Und die immer vor mir laufende Konkurrenz der M70 mit Ernst Schindler und Dieter Franke durfte auch nicht fehlen.
Startaufstellung auf dem Stadionrund, das Wetter war optimal und so konnte es losgehen. Die langgezogene Zeppelinstraße, Brandenburger Tor und Brandenburger Straße boten einiges an Publikumsinteresse. Abwechslungsreich weiter über Bassinplatz und Humboldtbrücke. Am Tiefen See entlang, durch den Babelsberger Park, Glienicke und Glienicker Brücke. Wieder Wege am Wasser Richtung Neuer Garten und Cecilienhof. Durch die Nauener Vorstadt, Alexandrowka, man nähert sich dem Schloss Sanssouci. Der kleine Anstieg zur Mühle zwang Läufer vor mir zur Gehpause. Ich hatte hier ein absolutes Heimspiel. Auf diesen Wegen liegen meine langläuferischen Wurzeln. Da konnte mich dieser Huckel nicht schrecken, zumal ich genau wusste, gleich geht' s die Maulbeerallee abwärts.
Fünf Kilometer vor dem Ziel war ich zuversichtlich, die zwei Stunden nicht allzu sehr zu überschreiten. Die Zwei, Frau und Mann etwa Anfang 30, an die ich mich jetzt angehängt hatte, machten gutes, gleichmäßiges Tempo. Da hieß es dran bleiben. Nicht Sanssouci angucken sondern die Beine vor mir im Auge behalten. Meine „Tempomacher" legten zum Glück trotz nahendem Ziel nicht zu. Zahlreiche Zuschauer feuerten an. Ein dichtes Spalier an der Kreuzung Zeppelinstraße, noch ein paar Kurven und Einlauf ins Stadion. Jetzt zu Dritt über die Ziellinie – dachte ich. Die zwei blieben aber auf der Innenbahn. Alles klar, die sind auf Marathonkurs und verbreiten deshalb zur Halbzeit noch keine Hektik. Für mich eine gute Fügung, so mit gleichmäßigem Tempo über die letzten fünf Kilometer ins Ziel zu kommen. 2:04:41 sind fast zehn Minuten schneller als im Vorjahr. Platz sieben in der M70. In der Gesamtwertung blieben 600 von den fast 2.000 Gestarteten hinter mir.

Schlösser-Marathon (HM)
Potsdam 2007

Ein oder zwei lockere Läufe in den Juniwochen, kein Blick auf die Uhr und durch die Natur radeln, waren keine Trainingspause, dienten aber der Entspannung, bevor der Berlin-Marathon ins Visier genommen werden musste. Und der 70. sollte ja auch noch gefeiert werden.

Im Juli drei Wochen langsames Herantasten, um dann in den zehn Wochen bis zum Marathon bei den drei Läufen pro Woche möglichst einen mit mehr als 20 Kilometern dabei zu haben.
Am 31. August ein kleiner Wettkampf, der ClaB-Sommerlauf in Stahnsdorf. Er wird von Thomas Schwarzer organisiert und der möchte mich natürlich am Start sehen. Sieben Kilometer sind auf einer sehr anspruchsvollen Strecke zu absolvieren. Nach Dieter Franke wurde ich zweiter in 38:37 Minuten.
In Berlin wollte ich ohne Zeitdruck laufen und so verlief auch die Vorbereitung. Die Uhr zu Hause zu lassen, war dabei ein Mittel, was der über die Strecken Hetzende durchaus mal probieren sollte. Man läuft entspannter und man macht auch mal eine Gehpause, wo es sonst nach dem Blick auf die Uhr flott weiter geht.
Juli, August und September 500 km gelaufen, davon 180 km über Strecken länger als 20 km.
Im Nachhinein macht dieses Verhältnis nachdenklich. Der Anteil der längeren Strecken sollte eigentlich höher sein. Oder?
In der letzten Woche noch 13 und 8 km, am Donnerstag Startunterlagen holen und schließlich die laufgerechte Versorgung mit allem, was den 13. Start beim Berlin-Marathon zu einem guten Ende führen soll. Gabi hatte sich entschlossen, mich zu begleiten, zumindest davor und danach.
Am Start das übliche Treiben. Noch viel Zeit, viele Menschen, zu viele, um Bekannte zu treffen. Man schaut und orientiert sich. Die Ströme zu den Startblöcken begannen sich zu formieren. Vielleicht sollte auch ich bald anfangen, mich startfertig zu machen. Wenn Haile schon längst auf der Strecke ist, sind die Toiletten frei zugänglich, also nichts überstürzen.
In der Startaufstellung dann doch nicht hinten angestellt, sondern etwas weiter an die Startlinie heran.
Die Erinnerung an das vergangene Jahr mahnt zu einem verhaltenen Tempo. Nicht mitlaufen, wenn andere die Sache schneller angehen. Nach 10 Kilometern kam die Sonne raus

und das drunter gezogene T-Shirt wärmte mehr als mir lieb war. Also zweimal ausziehen, einmal wieder anziehen, das kostet Zeit und erklärt die reichlich eine Minute plus am Punkt 15 km. Ansonsten gleichmäßiges Tempo auf der ersten Hälfte, fünf Minuten langsamer als vor einem Jahr, aber mit 2:23:30 im Bereich, um nicht über fünf Stunden zu kommen.
Es wurde dennoch knapp. Obwohl bis zu den Zeitnahmematten bei Kilometer 40 keine Gehpause zugelassen wurde, steht als Endzeit 4:59:46. „Unter den Linden" hatte sich Gabi postiert und schickte mich erleichtert durchs Brandenburger Tor. Dahinter viel umjubelt an den Tribünen vorbei, den Fotografen entkommt keiner und endlich im Ziel.
29.181 waren schon da, aber 3.318 sollten noch kommen und rund 1.000 sind auf der Strecke geblieben.
45. von 82 Finishern in der M70 stimmt doch noch einigermaßen versöhnlich ob der 11:17 Minuten mehr zu 2006. An den folgenden Tagen die üblichen aber nicht gravierenden Nachwirkungen. Regeneration auf dem Fahrrad, dann wieder leichte Läufe bis es auf den letzten Wettkampf zugehen sollte, die Berlin-Marathon-Staffel am 18.11.2007. Dort waren dann fünf Kilometer in möglichst hohem Tempo gefragt und das möchte doch trainiert werden. Also mehrere Tempoläufe bis endlich fünf Kilometer in der möglichen Geschwindigkeit erreicht waren.
Als Mannschaft von der SG Töplitz 1922 e. V. traten schließlich an: Micha (12 km), Andre (10 km), Knut (5 km), Peter (10 km) und Manfred (5,195 km).
Erwartungsvoll mischten wir uns in das Getümmel der Startvorbereitungen von fast 700 Staffeln, die es vielfach an Partyaufwendungen nicht fehlen ließen. Eine angenehme, wettkampfgeprägte Atmosphäre.
Micha legte gleich ordentlich los und wir Folgenden hatten damit zu tun, von der vorgelegten Platzierung nicht zu viel abzugeben. In einer Zeit von 3:23:54 wurde es so ein guter 173. Platz in der Gesamtwertung männlich von 580 und in der M AK der 38. von 92 Staffeln.
Nochmals zum Rennsteiglauf. Ende Oktober lud einer der Väter dieses großartigen Laufes Dr. Hans-Georg Kremer Traditionsrennsteigläufer ein, um das Buchprojekt „Who is who beim Rennsteiglauf 2008" voranzubringen. Läuferinnen und

In veränderter Runde am gleichen Ort (2008/11) in Oberhof

Läufer mit 25 und mehr erfolgreichen Teilnahmen (2007 nun schon über 500) erhielten die Möglichkeit, sich mit kleinen Geschichten, ihren Erfahrungen und Fotos zu präsentieren. Als Teilnehmer der Redaktionssitzung im Rennsteig-Hotel „Endspurt" in Schmiedefeld war Interessantes zu hören, wie zum Beispiel die vielfältigen Probleme der Anfangsjahre bewältigt wurden, die Wendezeit und wie sich schließlich der

GutsMuths-Rennsteiglauf zum größten Naturmarathon in Europa entwickelt hat. Und das, was ich zu berichten hatte und das der reichlich 200 anderen, sei hier dem Interessierten zum Nachlesen empfohlen.

Resümee 2007: 70 Jahre alt geworden, 1.760 km gelaufen und neun Wettkämpfe bestritten.

Mit neuen Mitstreitern und gemeinsamen Lauf am Sonntag wieder in einer Laufgruppe der SG Töplitz 1922 e. V. Zusammengefunden und ein Ende meines läuferischen Tuns noch nicht in Sicht.

Verordnen kann man Laufen nicht

Sie huschen vorbei, leicht und locker. Andere veranlassen eher zum nachdenklichen Hinterherschauen. Leicht und locker? - Na ja. Viele oder die meisten laufen irgendwo dazwischen. Bislang auch ich.

Wann und weshalb auch immer, sie haben damit begonnen und bewegen sich nun in ihrem ganz persönlichen Leistungsbereich. Und wissen inzwischen, Laufen ist eine verdammt anstrengende Sportart. Und wir reden über das lange Laufen, den Langstreckenlauf. Wo der beginnt, muss allerdings jeder für sich herausfinden, wohl immer mit fließenden Grenzen nach oben offen, sehr offen, extrem offen.

Start zum Schnupperlauf in Töplitz

Das ist die Läuferschar, wie man ihr begegnet auf den laufbaren Wegen, anlässlich großer und kleiner Laufveranstaltungen: Versammelte Regelmäßigkeit in ihrem Tun, geballter Ehrgeiz es zu schaffen und bereit nur für sich allein, für das eigene Wohlbefinden an die Grenzen der Leistungsfähigkeit zu gehen. Mehr oder weniger. Dafür zu werben – ja, zu jeder Zeit. Es verordnen zu wollen, weil es jedem, der dazu in der Lage wäre gut täte, hätte wohl eher minimale Erfolgsaussichten.
Rückblickend nun gefragt, was hat es gebracht, was bringt es, das regelmäßige Laufen?
Läufer sind Individualisten, Einzelkämpfer aber keine Einzelgänger. Die Gemeinschaft zieht mit oder wie ich es erlebte nach Umzug ins eigene Haus auf der schönen Insel Töplitz, einem Ortsteil der Stadt Werder an der Havel.
Zunächst, wie gewohnt, allein unterwegs. Man wird angesprochen: „Na, noch für den Insellauf am Sonnabend trainieren?" Ich: „Ja, auch. Jetzt eigentlich mehr für den Rennsteiglauf, dieses Jahr zum 17. mal.". Ein kurzer Wortwechsel im Vorbeilaufen, der aber ausreichte, um Interesse und Aktivität zu wecken.
„Da ist doch tatsächlich einer, der macht das, wovon man schon so einiges gehört hat. Der weiß, was er tut!" So muss es wohl dem jungen Mann durch den Kopf gegangen sein, als er Rennsteiglauf hörte. Denn schon einen Tag danach stand dieser bei mir auf der Matte, vom Laufen reichlich verschwitzt, und meinte, er müsse ein paar Tipps vom Profi haben.
Ob ich die passenden Tipps parat hatte, weiß ich nicht. Aber was helfen alle Tipps. Wir machten es praktisch und liefen am nächsten Tag gemeinsam. Aus Laufen zu zweit wurde mehr: Ein Lauftreff ohne Plakat und Aushang. Einfach nur, einer sagt' s dem anderen: 18.00 Uhr am Haus von Manfred.
Und sie kamen: Siggi (der ja nur ein paar Tipps haben wollte), Peter, Ditmar, Ralf, Rolf, Andreas und Jürgen. Später auf anderer Strecke auch Heidi, Simone, Andrea, Ines, Monika, Erik und Fussel (Dieter), um für größere Herausforderungen zu trainieren. Und das sind nun mal quasi vor der Haustür der Berlin-Marathon und das hohe Ziel Rennsteiglauf.
Zunächst lag die Latte noch etwas niedriger, so u.a. beim Burgenlauf in Belzig über 25 km. Aber im Jahr 2000 war es dann soweit. „Vier Töplitzer Läufer beim Berlin-Marathon!", hätte

eine Pressemitteilung zumindest auf einer Lokalseite lauten können. Keine Eintagsfliege. Bis 2005 konnte die Laufgruppe der SG Töplitz 1922 e.V. mit neun Marathonis und insgesamt 20 Marathon-Starts eine beachtliche Erfolgsbilanz aufweisen. Immer im guten Vier-Stunden-Bereich, einige auch darunter. Und wer hier nicht dabei war, hatte sich mindestens anderswo auf halber Distanz erprobt. So zum Beispiel beim Töplitzer Insellauf, der seit 1991 das Interesse am Laufen auf der Insel mit Leben füllt. Aber auch auf dem Rennsteig, dort war die SG Töplitz 2001 mit insgesamt 17 Läufern, Wanderern und begeisterten Begleitern dabei. Vier liefen den Halbmarathon in Zeiten von 1:57:45 bis 2:22:11. Die sechs Marathon-Starter blieben mit Zeiten zwischen 4:15:57 und 4:58:24 alle unter fünf Stunden. Und die verbleibenden sieben waren als Wanderer (4) und Zuschauer (3) nicht minder aktiv.

Grund genug, um den ereignisreichen Tag angemessen in gemeinsamer Runde ausklingen zu lassen.

Das muss sein. Jeder hat das Auf und Ab während der Stunden des Laufes anders erlebt und auf seine Weise bewältigt. Das will besprochen sein.

Auf dem Rennsteig zu laufen, ist eine Herausforderung und ein Marathon in jedem Fall eine sportliche Höchstleistung. Die geschafft zu haben, darf und muss man in den Stunden danach mit Fug und Recht sich gegenseitig bestätigen. Immer wieder, bis es endlich jeder der neu gekürten Rennsteigläufer auch selbst glaubt.

Ein unvergessener Tag. Dafür lohnt es, sich zu treffen, gemeinsam zu trainieren, sich wieder und wieder zu überwinden. Denn man möchte es schaffen – das nächste Ziel. Die anderen wollen es auch. Damit es so bleibt, dafür gibt es in Töplitz den Termin: Sonntag, 10.00 Uhr am Sportplatz. Gelaufen wird eine Stunde, manchmal etwas weniger, oft aber auch länger. Der Insel-Radweg bietet hier je nach der persönlichen Befindlichkeit oder den großen wie kleinen Zielen mehrere Möglichkeiten für spontane Entscheidungen. Das angeschlagene Tempo lässt genügend Luft für den verbalen Austausch. Macht eine Stunde Laufen zu einem Plauderstündchen, bei dem kein Problem der Welt (Töplitz natürlich eingeschlossen) Gefahr läuft, ausgelassen zu werden. Da trifft es sich gut, wenn der Vorsitzende der

Die Läufer der SG Töplitz

Sportgemeinschaft leicht und locker neben dem Ortsbürgermeister einher läuft und seine Sicht auf die zu bewegenden Dinge erörtern kann. Anders herum aber auch. Immer eine Gelegenheit sich gegenseitig in den Gründen für unser Tun zu stärken, Erfahrungen und Erkenntnisse mitzuteilen und vor allem über die Wirkungen zu reden.

Sonntags ab 10.00 Uhr auf dem Inselrundweg Töplitz

Und da ist sie wieder - die Frage: Was bringt die ganze Lauferei? Nun gut. Keine Aufzählung der Gemeinplätze à la hinreichend vorhandener Gesundheitsratgeber aber doch eine Aussage zu den Wirkungen im Alltäglichen.

Vor einigen Tagen gab es einen Gesundheitscheck. Das übliche Prozedere: einatmen, ausatmen, Luft anhalten usw. Nun die Ärztin: „Man hört die Läuferlunge!" Na prima. Andere bekommen an dieser Stelle unter Umständen die Mitteilung: „Man hört die Raucherlunge.". Das ist doch schon mal was, wenn sich die Läuferlunge von anderen Lungen unterscheidet. Genannt aber doch nur stellvertretend für alle Organe, die den Läufer am Laufen halten und sich auch kaum etwas nachsagen lassen.

Soll heißen, wie festgestellt, dass alle zuständigen mir eigenen „Fraktionen" mitmachen, wenn es um körperliche Anforderungen geht oder Gefahren abzuwehren sind als ebenfalls willkommene Wirkung. Man wird auch künftig mir nachsagen dürfen: „Du kannst aber auch nicht still stehen!". Es ist nun mal nicht meine Art, mich auf's Arbeitsgerät zu stützen, wenn es noch zu tun gibt.

Im Winter (und wir haben grad wieder Winter, bereits reichlich Schnee im Dezember) ist es mein Ehrgeiz, den Gehweg in voller Breit vom Schnee zu befreien, wenn nötig mehrmals am Tag. Nur mal so erwähnt im Unterschied zu anderen, die ihren Räumpflichtkräfteeinsatz lediglich auf eine Schneeschieberbreite beschränken und so die Marschordnung ohne Ausweichmöglichkeit vorgeben wollen oder was wahrscheinlicher ist, deren Arme zu schnell ermüden.

Manchmal sind aber auch mir die Arme lahm, nur wenn ich daran denke, die Hecke muss geschnitten werden. Botanisch gesehen eine Heckenfichte, fast 50 Meter lang, 1,25 Meter Höhe und mit 40 cm Abstand zum Zaun eine enge und piekige Angelegenheit. Heute erst mal die Hälfte und morgen den Rest - gedacht aber nicht getan. Auf der Hälfte aufgegeben, ist nicht des Läufers Sache. Wenn angefangen, dann wird durchgezogen. Und das nicht nur, wenn es um die Form der Hecke geht.

Mal einen Fußweg von A nach B zu gehen, auch wenn einige Kilometer (nicht joggend) dazwischen liegen, lässt mich nicht gleich nach einem geeigneten Beförderungsmittel Ausschau halten. Dann gehen wir eben zu Fuß. Kein Problem.

Auch im Urlaub ist die Aktivvariante bevorzugt.
Die Hohe Tatra hat uns mehrfach in ihren Bann gezogen.

Über den Tag um die zehn Stunden hochgebirgstouristisch unterwegs zu sein, erfordert körperliche Voraussetzungen. Aber mehr noch, es zu wollen, sich darauf einzulassen. Denn der Schweiß rinnt dabei mehr als beim Laufen.

Hohe Tatra - auf dem Polsky hreben angekommen

Der auf Belastung getrimmte Organismus trotzt auch recht erfolgreich lästigen Erkältungen. Ich behaupte auch, mich erwischt es seltener und wenn, dann nicht so heftig.

Vor einiger Zeit wurde mir verkündet: „Du bist mein Vorbild!".
Da frag ich mich doch, wieso denn das? Die mittelmäßigen Laufleistungen sind es wohl eher nicht. Da kann man sich andere Vorbilder suchen. Wieder so eine Wirkung, wo ich in aller Bescheidenheit über mich nachdenken muss.
Also, was ist an mir so beeindruckend für einen mehr als 25 Jahre Jüngeren? Ich bin offensichtlich einer, mit dem man sich vergleichen kann und möchte. „Was der schafft, ist erstrebenswert", deute ich nur mal so eventuell vorhandene Gedanken.
Noch mit 70 über den Rennsteig den Marathon zu laufen, ist für einen Jüngeren eher nicht die vorrangige Zielsetzung.

Obwohl, jedem sei' s vergönnt. Aber damit zu beginnen und über die Jahre dabei zu bleiben, dafür stehe ich. Daran darf man sich orientieren.

Mein jährliches Laufpensum von immer noch rund 1.500 km kann man ehrfurchtsvoll zur Kenntnis nehmen und auch anstreben, genauso wie die dazugehörige Regelmäßigkeit.

Und wenn meine nun schon 20 und 25 Jahre zurückliegenden Laufresultate doch als ein Maßstab dienen sollten, dann heißt das hier und da: Bestleistungen bringen! Mir soll' s recht sein.

Ziele und Zeiten spielen ja immer eine Rolle. Nicht in jedem Fall eine vordergründige, aber doch eine beachtete.

Es liegt schon etwas länger zurück. In der Laufgruppe lotet man die Möglichkeiten beim nächsten Marathon aus. Die Vier-Stunden-Marke wurde in Betracht gezogen. Sie zu unterbieten wäre schon ein Kracher. Aber, ... aber vorher müsste man doch erst an Manne vorbei und das wäre schon schwer genug. So der Überbringer der mich schmeichelnden Botschaft.

Soviel zum Thema Vorbild und Wirkungen. Natürlich hat all dies, was ich als erwähnenswert empfinde oder empfunden habe, viel damit zu tun, dass mein Kontaktumfeld nicht unwesentlich durch sportliche Aktivitäten geprägt ist.

Es sind die Jüngeren und die Junggebliebenen, die dem aktiven Leben zugetan daher kommen und nicht nur das gemeinsame Sporterleben ausmachen. Menschliches Miteinander, Vertrautheit und Freundschaften erlangen so eine dauerhafte Basis.

Diese Seelenverwandtschaft zu erleben tut gut.

Sie kommt aber nicht von selbst. Man muss den Weg (seinen Weg) finden und auch beschreiten.